Eiermann · Fallsammlung Steuerlehre/Rechnungswesen

Dipl.-Kfm. Bernhard Eiermann

Fallsammlung Steuerlehre Rechnungswesen

Fälle mit Lösungen
(Veranlagung 1999)
für Steuerfachangestellte

11., neubearbeitete Auflage

GABLER

Die Deutsche Bibliothek – CIP-Einheitsaufnahme

1. Auflage 1987
2., neubearbeitete Auflage 1988
3., neubearbeitete Auflage 1989
4., neubearbeitete Auflage 1991
5., neubearbeitete Auflage 1992
6., neubearbeitete Auflage 1993
7., neubearbeitete Auflage 1994
8., neubearbeitete Auflage 1996
9., neubearbeitete Auflage 1997
10., neubearbeitete Auflage 1998
11., neubearbeitete Auflage 2000

Alle Rechte vorbehalten
© Springer Fachmedien Wiesbaden 2000
Ursprünglich erschienen bei Betriebswirtschaftlicher Verlag Dr. Th. Gabler GmbH, Wiesbaden 2000

Das Werk einschließlich aller seiner Teile ist urheberrechtlich geschützt. Jede Verwertung in anderen als den gesetzlich zugelassenen Fällen bedarf deshalb der vorherigen schriftlichen Einwilligung des Verlages.

www.gabler.de

Die Wiedergabe von Gebrauchsnamen, Handelsnamen, Warenbezeichnungen usw. in diesem Werk berechtigt auch ohne besondere Kennzeichnung nicht zu der Annahme, dass solche Namen im Sinne der Warenzeichen- und Markenschutz-Gesetzgebung als frei zu betrachten wären und daher von jedermann benutzt werden dürften.

Höchste inhaltliche und technische Qualität unserer Produkte ist unser Ziel. Bei der Produktion und Verbreitung unserer Werke wollen wir die Umwelt schonen: Dieses Werk ist auf säurefreiem und chlorfrei gebleichtem Papier gedruckt. Die Einschweißfolie besteht aus Polyäthylen und damit aus organischen Grundstoffen, die weder bei der Herstellung noch bei der Verbrennung Schadstoffe freisetzen.

ISBN 978-3-409-79769-6   ISBN 978-3-663-10031-7 (eBook)
DOI 10.1007/978-3-663-10031-7

Vorwort zur 11. neu bearbeiteten Auflage

Steuerlehre und Rechnungswesen werden als die zentralen Prüfungsfächer bei der Steuerfachangestelltenprüfung angesehen. Die Inhalte dieser Unterrichts- und Prüfungsfächer sind besonders anspruchsvoll, weil sie einem ständigen Wechsel der Steuergesetze unterworfen sind.

Vorliegendes Buch ist aus diesen Gründen als Fallsammlung, nicht als Lehrbuch konzipiert und nur auf das Jahr 1999 bezogen.

Es wendet sich an

- Auszubildende in steuer- und wirtschaftsberatenden Berufen, die vor der Steuerfachangestelltenprüfung stehen und sich in den Fächern Rechnungswesen und Steuerlehre gezielt vorbereiten wollen

- Ausbilder, die ein Buch an die Hand bekommen, das für die innerbetriebliche Aus- und Weiterbildung besonders geeignet ist

- angehende Bilanzbuchhalter, die mit Hilfe der Fallsammlung ihre Kenntnisse überprüfen und vertiefen können, um sich so systematisch auf die IHK-Abschlussprüfung vorzubereiten.

Besonderer Dank gilt Frau Herta Müller, die mir bei der Bearbeitung des Manuskriptes gute Hilfe geleistet hat.

Bernhard Eiermann

Inhaltsverzeichnis

	Fälle	Lösungen

Betriebliche Steuerlehre

	Fälle	Lösungen
Teil 1: Abgabenordnung Fall 1-31	1	99
Teil 2: Einkommensteuer Fall 1-8	13	109
Teil 3: Umsatzsteuer Fall 1-5	35	139
Teil 4: Gewerbesteuer Fall 1-5	47	153
Teil 5: Erbschaftsteuer Fall 1-9	61	165
Teil 6: Bewertung	71	183
Teil 7: Körperschaftsteuer Fall 1-3	75	191

Rechnungswesen

	Fälle	Lösungen
Fall 1-5	79	197

Fälle

Betriebliche Steuerlehre

Teil 1: Abgabenordnung

Fall 1

Die Brüder Albert in München und Robert in Frankfurt sind mit anderen Personen Miteigentümer eines Wohngebäudes in Mailand. Die Einkünfte daraus sind in der Bundesrepublik Deutschland zu versteuern. Die Vermietung und die Bezahlung der üblichen Kosten in Zusammenhang mit diesem Mietwohngrundstück übernimmt Robert.

Welches Finanzamt ist für die gesonderte Feststellung der Einkünfte nach § 21 EStG zuständig?

Fall 2

Sibylle ist an der Maurer KG in Ludwigsburg und an der Schieder KG in Esslingen als Kommanditistin beteiligt. Sie wohnt in Stuttgart.

Welches der drei in Frage kommenden Finanzämter ist für die Einkommensteuer der Sibylle zuständig?

Fall 3

Die dreijährige Erna Pfleiderer erbt von ihrem verstorbenen Großonkel im Neckartal einen Weinberg und zwei Sparbücher mit insgesamt 23 400,00 DM. Die pflichtbewussten Eltern geben ohne Aufforderung des Finanzamts eine Steuererklärung für die Einkünfte der Tochter ab.

Besitzt die kleine Erna die Steuerfähigkeit, und haben die Eltern die Steuererklärung zu Recht abgegeben?

Fall 4

Der 16-jährige Bäckerlehrling Uwe Auch stellt beim Finanzamt Hamburg einen Antrag auf Lohnsteuerjahresausgleich und unterschreibt diesen.

Kann er das rechtswirksam?

Fall 5

Susi (17) und Emil (21) sind seit ein paar Wochen verheiratet und geben Anfang Januar bereits ihre gemeinsame ESt-Erklärung ab.

Darf sie mitunterschreiben?

Fall 6

Das Finanzamt gibt am Freitag, 02.10.1998, einen Steuerbescheid zur Post.

Wann endet die Einspruchsfrist?

Fall 7

Wie wäre Fall 6 zu lösen, wenn der letzte Tag der Einspruchsfrist ein Samstag ist?

Fall 8

Das Finanzamt hat den Steuerbescheid für den Steuerpflichtigen Schächterle am 05.07. zur Post gegeben. Schächterle ist jedoch am 01.07. in sein neues Haus gezogen. Der Nachsendeauftrag bewirkt, dass der Bescheid dort erst am 11.07. eintrifft.

Wann beginnt die Einspruchsfrist?

Fall 9

Der reiche Frührentner Junger überwintert seit Jahren auf Ibiza, damit die Bräune auch über den Winter nicht nachlässt. An Ostern kehrt er vorübergehend nach Düsseldorf zurück und findet dort seinen Einkommensteuerbescheid, der vor drei Monaten abgesandt worden war, im Postfach. Er will gegen die Steuernachforderung von 12 344,00 DM unverzüglich Einspruch einlegen. Mit Recht?

Fall 10

Der Steuerpflichtige Schichter macht einen Besuch beim Finanzamt. Dort trifft er zufällig den ihm bekannten Sachbearbeiter Röhrle, der ihm beiläufig sagt, dass ihn eine Steuernachforderung von 4 300,00 DM erwarte.

Ist damit der Steuerbescheid bekannt gegeben worden?

Fall 11

Die 27 Jahre junge Studentin Ursula bewohnt in Regensburg ein möbliertes Zimmer. Sie hat dort ihren ersten Wohnsitz. Der Briefträger händigt der Vermieterin zusammen mit den anderen Briefen den ESt-Bescheid aus.

Ist der ESt-Bescheid damit bekannt gegeben worden?

Fall 12

Rechtsanwalt Ochs hat einen Jahresumsatz von 190 000,00 DM, einen Gewinn von 56 000,00 DM und ein Betriebsvermögen von 88 000,00 DM.

Ist Herr Ochs buchführungspflichtig?

Fall 13

Der Steuerpflichtige gibt seine USt-Erklärung für 1992 im Oktober 1993 ab, die Veranlagung durch das zuständige Finanzamt erfolgt im Februar 1995. Im Herbst 1997 beginnt der Außenprüfer seine Tätigkeit, die er aber auf Wunsch des Steuerpflichtigen unterbricht und im Februar 1998 fortsetzt. Nach zweiwöchiger Prüfung geht der Prüfer für sechs Wochen in Kur und setzt dann seine Tätigkeit fort.

Wann endet die Festsetzungsverjährung, wenn durch den Steuerpflichtigen kein Einspruch erfolgt?

Fall 14

Zu welchem Gebiet (Rechtsgebiet) gehört das Steuerrecht?

Fall 15

Wann entsteht der Steueranspruch aus dem Steuerschuldverhältnis?

Fall 16

Die Finanzbehörde hat den Antrag des Steuerpflichtigen auf Stundung (§ 222 AO) der ESt abgelehnt. Gegen den Ablehnungsbescheid hat der Steuerschuldner form- und fristgerecht Einspruch eingelegt. Die Finanzbehörde gibt dem Einspruch nicht statt.

Wer entscheidet demnach darüber?

Fall 17

Das zuständige Finanzamt des Steuerpflichtigen Früchtle, Ulm, hat die ESt unter Vorbehalt der Nachprüfung auf Grund der eingereichten Steuererklärung am 17.09.1997 festgesetzt.

Wann läuft die Festsetzungsfrist ab, wenn vor deren Ablauf weder höhere Gewalt noch eine Außenprüfung eintritt?

Fall 18

Der Steuerpflichtige Schnürle, Hildrizhausen, schuldet dem Finanzamt folgende Steuern, die er am 20.10.1997 bezahlt:

a) ESt-Abschlusszahlung 1995   4 563,00 DM,   fällig am 04.06.1997
b) einbehaltene Lohnsteuer   6 322,00 DM,   fällig am 10.09.1997
c) USt-Vorauszahlung   3 750,00 DM,   fällig am 10.09.1997

Wie hoch sind die Säumniszuschläge?

Fall 19

Der Steuerpflichtige Pfifferling, Heslach, hat am 01.12.1997 (Poststempel 29.11.1997) seinen ESt-Bescheid für 1996 erhalten. In den Weihnachtsferien (20.12.1997 bis 06.01.1998) geht er in den Ski-Urlaub nach Kanada und bricht sich dort am Steilhang am 01.01.1998 das linke Vorderbein. Nach seiner Rückkehr aus dem Urlaub/Krankenhaus liest er am 05.03.1998 nochmals seinen ESt-Bescheid durch und stellt mit Entsetzen fest, dass darin eine Steuernachforderung von 9 466,00 DM festgesetzt worden ist. Er legt unverzüglich Einspruch ein.

Hat er damit Erfolg? Begründung!

Fall 20

Wodurch unterscheiden sich direkte und indirekte Steuern?

Nennen Sie je drei Steuerarten!

Fall 21

Wann ist ein Steuerbescheid bestandskräftig?

Fall 22

Welche Verjährungsfristen für Steuern kennen Sie?

Nennen Sie zwei Fristen!

Fall 23

Sehen Sie Unterschiede zwischen dem Erlass und der Niederschlagung einer Steuerforderung?

Wenn ja, welche?

Fall 24

Wodurch können Ansprüche des Finanzamtes erlöschen trotz Nichterfüllung?

Fall 25

Erläutern Sie die Rechtsbehelfe im außergerichtlichen Verfahren bei den Finanzbehörden!

Fall 26

Am 03.12.1997 stirbt die beim Finanzamt Nürtingen als Steuerpflichtige geführte Renate Kahl. Ihr einziger Erbe ist der 40 Jahre alte Sohn Robert, der die Erbschaft angenommen hat. Für das Jahr 1995 war Frau Kahl zur ESt veranlagt worden. Aus dem Steuerbescheid 1995, den sie im September 1997 erhielt, ergab sich eine Abschlusszahlung von 3 100,00 DM. Diesen Betrag hatte Frau Kahl nicht mehr an das Finanzamt gezahlt.

Muss der Erbe die ESt-Schuld bezahlen?

Fall 27

Wie Fall 26, jedoch hat Frau Kahl im Mai 1997 ihre ESt-Erklärung für 1996 dem Finanzamt eingereicht. Die Veranlagung war im Dezember 1997 noch nicht durchgeführt worden.

An wen ist der ESt-Bescheid 1996 zu richten?

Fall 28

Der Angestellte Fritz Huber wartet seit langem auf seinen ESt-Bescheid für 1995, denn er rechnet mit einer kräftigen Erstattung.

Als an Montag, 20.10.1997, der ESt-Bescheid endlich bei ihm eintrifft, stellt er entsetzt fest, dass statt einer ordentlichen Erstattung von 2 300,00 DM eine Nachzahlung von 260,00 DM fällig ist. Er stellt nach Prüfung seiner gesammelten Unterlagen fest, dass er vergessen hat, seine Bausparbeiträge im Formular einzutragen. Am nächsten Tag geht er zum Finanzamt und beantragt eine Änderung seiner ESt-Veranlagung.

Kann seinem Antrag stattgegeben werden?

Fall 29

Unter welchen Voraussetzungen bleibt der Täter im Falle der Steuerhinterziehung straffrei?

Nennen Sie zwei Voraussetzungen!

Fall 30

Aufgabe 1

Entscheiden und begründen Sie, ob die folgenden Personen steuerrechtlich zur Buchführung verpflichtet sind:

a) Eine KG
   mit einem Gewinn von   36 000,00 DM
   einem Umsatz von   300 000,00 DM
   und einem Betriebsvermögen von   95 000,00 DM

b) Ein selbständiger Rechtsanwalt
   mit einem Gewinn von   85 000,00 DM
   Umsatz von   230 000,00 DM
   und einem Betriebsvermögen von   115 000,00 DM

c) Ein Landwirt
   mit einem Gewinn von   35 000,00 DM
   einem Umsatz von   320 000,00 DM
   und einen Wirtschaftswert von   38 000,00 DM

Aufgabe 2

Ein Finanzamt stundete einem Steuerpflichtigen X wegen Zahlungsschwierigkeiten eine Steuerschuld. Fünf Monate später erbt X ein großes Vermögen und könnte die Schuld leicht begleichen. Kann das Finanzamt die Stundung widerrufen?

Begründen Sie Ihre Entscheidung!

Aufgabe 3

Der Steuerpflichtige Wilhelm hat für das Jahr 1997 noch eine ESt-Abschlusszahlung in Höhe von 5 320,00 DM zu leisten. Diese Zahlung war fällig am 03.03.1999, wurde von Wilhelm aber erst am 10.07.1999 bezahlt.

a) Welche steuerliche Nebenleistung fällt an?

b) Berechnen Sie die Höhe dieser Nebenleistung!

Aufgabe 4

Erläutern Sie anhand der Umsatzsteuer kurz den Unterschied zwischen "Steuerschuldner" und "Steuerträger".

Aufgabe 5

a) Mandant Köhler erhält am Samstag, den 15.08.1999, seinen ESt-Bescheid. Der Bescheid trägt das Datum von Freitag, den 13.08.1999, dem Tag, an dem er auch vom Finanzamt zur Post gegeben wurde.

Wann endet die Einspruchsfrist (mit Berechnung)?

b) Ein anderer Mandant erhält einen Steuerbescheid, der vom Finanzamt am 22.01.2000 zur Post gegeben wurde.

Wann endet für ihn die Einspruchsfrist (der 23.01.2000 ist ein Sonntag)?

c) Mandant Köhler reagiert am letzten Tag der Einspruchsfrist. Seinen schriftlichen Einspruch überschreibt er mit "Protest". Auf dem Brief, der seine Anschrift enthält, vergisst Köhler zu unterschreiben.

Nehmen Sie Stellung zur Zulässigkeit dieses Einspruchs!

Fall 31

Aufgabe 1

Emil Hudel, Inhaber eines Getränkestützpunktes in Cottbus, reicht seine USt-Voranmeldung monatlich beim Finanzamt Cottbus I ein.

Er hat form- und fristgerecht einen Umsatzsteuer-Dauerfristverlängerungsantrag gestellt und alle Auflagen diesbezüglich erfüllt.

a) Wann muss Herr Hudel seine USt-Voranmeldung 06/1999 spätestens abgeben unter Ausnutzung aller gesetzlich zulässiger Möglichkeiten? (Fristberechnung gemäß Kalender, ohne b).

b) Was ist Voraussetzung für die Gewährung einer Dauerfristverlängerung? (USt gemäß §§ 46 - 48 UStDV)

Aufgabe 2

Günter Rolf, Gera, nimmt am 30.03.1999 seinen Einkommensteuerbescheid 1998 aus dem Briefkasten. Der Bescheid trägt das Datum vom 29.03.1999 und weist einen Erstattungsanspruch von 2 780,00 DM aus.

Herr Rolf ist empört, denn er hat mit einer Erstattung von 5 870,00 DM gerechnet. Er schickt einen Einspruch an das Finanzamt Gera und begehrt den Ansatz der nicht berücksichtigten Werbungskosten und die Überweisung des von ihm berechneten Betrages.

Wann muss der Einspruch spätestens beim Finanzamt eingehen (Datum, Uhrzeit)?

Betriebliche Steuerlehre

Teil 2: Einkommensteuer

Fall 1

1. Persönliche Verhältnisse

1.1 Ingo Reichert, geboren am 01.01.1935 und seine Ehefrau Marianne, geborene Henke, geboren am 15.10.1942, sind seit März 1972 verheiratet. Die Eheleute wohnen in Ulm und leben nicht dauernd getrennt. Sie beantragen für 1999 die Zusammenveranlagung.

1.2 Aus der Ehe sind folgende Kinder hervorgegangen:

Rolf Reichert, geboren am 02.01.1974, studiert Maschinenbau an der Universität Hamburg. Ab 01.10.1999 setzt er sein Studium für ein Jahr an der Universität in Bologna fort. Seine Eltern finanzieren ihm sein Studium fast völlig. Rolf verdient sich 400,00 DM monatlich durch Übersetzungsarbeiten vom Deutschen ins Italienische dazu. Sein Bruttoarbeitslohn beträgt im gesamten Jahr 1999 4 800,00 DM.

Jens Reichert, geboren am 04.07.1976, lebt seit seinem 18. Lebensjahr in der Nikolauspflege in Stuttgart. Er ist seit seiner Geburt zu 100 % geistig und körperlich behindert. Ein entsprechender Ausweis liegt vor. Jens hat keine eigenen Einkünfte und Bezüge.

2. Einkünfte des Ingo Reichert

2.1 Herr Reichert betreibt in Ulm eine Werkzeugfabrik als Einzelunternehmen. Das Betriebsvermögen der Werkzeugfabrik beläuft sich zum 31.12.1998 auf 398 000,00 DM (Wirtschaftsjahr = Kalenderjahr).

Der vom Steuerpflichtigen für 1999 durch Betriebsvermögensvergleich nach § 5 EStG ermittelte vorläufige Steuerbilanzgewinn beträgt 62 446,00 DM. Ingo Reichert möchte den Steuerbilanzgewinn für 1999 so niedrig wie möglich ausweisen.
Hinsichtlich der Behandlung bestimmter Sachverhalte geben die nachfolgenden Erläuterungen Auskunft:

2.1.1 Die unfertigen und fertigen Werkzeuge sind von Ingo Reichert mit dem handelsrechtlich zulässigen niedrigsten Wertansatz von 76 350,00 DM in der Steuerbilanz zum 31.12.1999 angesetzt worden. Bei diesem Wertansatz blieben die notwendigen anteiligen Material- und Fertigungs-Gemeinkosten in Höhe von 6 425,00 DM ausser Ansatz.

2.1.2 Ingo Reichert hat am 28.11.1999 aus seiner Werkzeugfabrik einen Computer zum Buchwert von 1 500,00 DM (nach Abschreibung) entnommen, um ihm seinem Sohn zu schenken; Teilwert dieses Computers im Zeitpunkt der Entnahme 2 250,00 DM

2.1.3 Am 15.08.1998 hat Ingo Reichert 50 Aktien zum Stückpreis von 225,00 DM zuzüglich 1 % Bankprovision und 0,8 % Maklergebühr zur kurzfristigen Geldanlage für seinen Werkzeugbetrieb erworben. Demzufolge hat er sie beim Umlaufvermögen sowohl in der Steuerbilanz zum 31.12.1998 als auch in der Steuerbilanz zum 31.12.1999 jeweils mit 11 371,50 DM ausgewiesen.
Der Stückpreis je Aktie ist zum 31.12.1999 auf 200,00 DM gesunken und zum Zeitpunkt der Bilanzerstellung (Mitte April 2000) auf 230,00 DM angestiegen.

2.1.4 Ingo Reichert hat am 21.05.1999 einen neuen PKW für 42 500,00 DM zuzüglich 16 % USt für seinen Betrieb erworben, den er zu 100 % für eigene betriebliche Zwecke nutzt. Es wird eine Nutzungsdauer von 5 Jahren unterstellt.

2.1.5 Außerdem hat Ingo Reichert ein Regal, das er am 01.12.1997 zum Preis von 800,00 DM zuzüglich 15 % USt für private Zwecke kaufte, am 01.06.1999 in seine Werkzeugfirma als Einrichtungsgegenstand eingebracht. Die veranschlagte Nutzungsdauer für dieses Regal beträgt insgesamt 10 Jahre; der Teilwert des Regals beläuft sich bei Einlage auf 600,00 DM. Die Buchhalterin buchte zum 31.12.1999 die Abschreibung auf das Regal wie folgt:
Abschreibung auf Geschäftseinrichtung an Geschäftseinrichtung 60,00 DM.

2.1.6 Herr Reichert hat am 15.09.1999 eine 30 %ige GmbH-Beteiligung (erworben privat am 20.10.1995) aus seinem Privatvermögen ins Betriebsvermögen überführt. Die anteiligen Anschaffungskosten für diese GmbH-Beteiligung waren 120 000,00 DM, der Teilwert dieser GmbH-Beteiligung beträgt am Einlagetag 100 000,00 DM und am 31.12.1999 90 000,00 DM. Die Einlage erfolgte zu den Anschaffungs-kosten von 120 000,00 DM. Die GmbH-Beteiligung wurde in der Steuerbilanz zum 31.12.1999 mit 90 000,00 DM ausgewiesen.

2.2 Herr Reichert hat am 05.02.1992 ein Dreifamilienhaus (Baujahr 1970) in Ulm als Alleineigentümer für 845 670,00 DM (einschließlich Nebenkosten) erworben. Darin enthalten sind die Anschaffungskosten für Grund und Boden in Höhe von 245 670,00 DM.

Die Erdgeschosswohnung bewohnt Ingo Reichert seit Februar 1992 mit seiner Familie selbst. Die Wohnung im 1. Obergeschoss bewohnen seit Januar 1997 seine Schwiegereltern für eine Miete von monatlich 720,00 DM und die Wohnung im 2. Obergeschoss hat er an eine andere Familie zu Wohnzwecken für 1 800,00 DM monatlich (ortsübliche Miete) vermietet. Die drei Wohnungen umfassen jeweils 140 qm Wohnfläche.

Folgende Ausgaben sind 1999 im Zusammenhang mit diesem Haus angefallen und bezahlt worden:

* Zinsen in Höhe von 18 000,00 DM
* Tilgungsrate in Höhe von insgesamt 36 000,00 DM
* Kosten für Parketterneuerung in der 1. Obergeschoss-Wohnung 14 260,00 DM einschließlich 16 % USt
* Renovierungskosten für das Bad im 2. Obergeschoss in Höhe von 18 750,00 DM einschließlich 16 % USt
* Kosten für Grundsteuer, Müllabfuhr usw. (aber ohne Abschreibung) in Höhe von 5 430,00 DM.

Ingo Reichert nimmt für die von ihm und seiner Familie bewohnten Wohnung seit Erwerb des Hauses den § 10 e EStG in voller Höhe in Anspruch.

2.3 Ingo Reichert ist an einer Erbengemeinschaft beteiligt, die Mieteinkünfte aus einem Mietshaus in Frankfurt/Main erzielt; seine anteiligen Mieteinkünfte hieraus betragen für das Jahr 1999 28 854,00 DM.

3. Einkünfte der Marianne Reichert

3.1. Frau Reichert hat GmbH-Anteile an einer Porzellanfabrik GmbH in Ulm, die sie im Privatvermögen hält. Diese Porzellan-GmbH hat am 31.10.1999 die Ausschüttung des in 1998 erzielten Gewinns beschlossen und als Tag der Auszahlung ist im Gesellschafterbeschluss der 20.12.1999 bestimmt worden. Frau Reichert ist keine beherrschende Gesellschafterin. Die Auszahlung der Gewinnanteile erfolgte am 03.01.2000 auf ein Konto von Frau Reichert bei der Ulmer Volksbank. Die Gutschrift lautete auf 8 246,00 DM.

3.2 Außerdem ist Frau Reichert an der Erwin Schneider OHG "Buchhandel" in Calw als atypische stille Gesellschafterin beteiligt. Bei der Erwin Schneider OHG läuft das Wirtschaftsjahr vom 01.03. bis 28.02. des Folgejahres. Für das Wirtschaftsjahr 1998/1999 hat die OHG einen Verlust in Höhe von 54 500,00 DM erzielt. Der anteilige Verlust für Frau Reichert beläuft sich auf 5 450,00DM und wird ihrem Konto bei der Ulmer Volksbank im Juli 1999 belastet.

3.3 Darüber hinaus ist Frau Reichert an der Erika Braun KG "Drogerie" als stille Gesellschafterin mit 8 % Gewinn und Verlust, nicht aber an den stillen Reserven beteiligt. Auf Grund ihrer Beteiligung ist ihr im Juli 1999 als anteiliger Gewinn ein Betrag in Höhe von 3 712,50 DM auf ihr Konto bei der Ulmer Volksbank überwiesen worden.

4. Sonderausgaben

Die Eheleute Reichert machen für das Kalenderjahr 1999 folgende Sonderausgaben geltend:

Krankenversicherungsbeiträge	6 800,00 DM
Lebensversicherungsbeiträge	3 400,00 DM
Unfallversicherungsbeiträge	177,00 DM
Haftpflichtversicherungsbeiträge für Privat-PKW	563,00 DM
Teilkaskoversicherungsbeiträge für Privat-PKW	92,00 DM
Kirchensteuervorauszahlung	4 450,00 DM
Kirchensteuernachzahlung	200,00 DM
Spenden für wissenschaftliche Zwecke	6 000,00 DM
Spenden für gemeinnützige Zwecke	3 500,00 DM
Spenden an politische Parteien (einschließlich Mitgliedsbeiträge)	7 500,00 DM

5. Außergewöhnliche Belastungen

Die Eheleute Reichert unterstützen die verwitwete Mutter von Herrn Reichert seit Jahren mit monatlich 950,00 DM. Dies gilt auch für das Jahr 1999. Die Rente der Mutter beträgt 1999 monatlich 900,00 DM; Ertragsanteil 27 %.

Aufgabe:

Ermitteln Sie das zu versteuernde Einkommen der Eheleute Reichert für den Veranlagungszeitraum 1999 (sowie eventuelle Steuerabzugsbeträge einschließlich Gesetzesangabe und gegebenenfalls kurze Begründung). Dabei soll sich die geringste Steuerschuld ergeben. Eventuell zu stellende Anträge gelten als gestellt.
Werbungskosten bei etwaigen Kapitaleinkünften wurden nicht geltend gemacht. Auch wurden keine Freistellungsaufträge gestellt.

Verständnisfragen

1. Die vereinfachte Gewinnermittlung nach § 4 (3) EStG:

1.1 Was ist ihr wichtigstes Wesensmerkmal und worin unterscheidet sie sich vom Betriebsvermögensvergleich? (Mit Beispielen)

1.2 Wann stimmt sie mit dem Betriebsvermögensvergleich überein? (Mit Beispielen)

1.3 Für welchen Personenkreis kommt sie insbesondere zur Anwendung und warum?

Fall 2

1.1 Karl Rabe, geboren am 01.01.1935, und seine Ehefrau Hanna Rabe, geboren am 01.09.1945, wohnen in Kirchheim/Teck. Sie beantragen für 1999 die Zusammenveranlagung. Bei Karl Rabe liegt seit 1996 eine Behinderung im Sinne des Schwerbehindertengesetzes vor. Am 01.07.1999 wurde der Grad der Behinderung von 80 % auf 90 % angehoben.

1.2 Aus der Ehe sind folgende Kinder hervorgegangen:

1.2.1 Erna, geboren am 10.05.1969, studiert in München. Sie erhält 1999 von ihren Eltern eine monatliche Unterstützung von 400,00 DM. Erna bezog 1999 insgesamt einen Bruttoarbeitslohn von 7 200,00 DM.

1.2.2 Rolf, geboren am 01.01.1971, studiert in Freiburg. Der Vater unterstützt den Sohn mit monatlich 500,00 DM. Rolf leistete den gesetzlichen Grundwehrdienst. Rolf bezog 1999 einen Bruttolohn von 5 500,00 DM insgesamt. Außerdem erhielt er Zinsen von insgesamt 2 800,00 DM.

1.2.3 Markus, geboren am 11.11.1975, studierte in Karlsruhe bis 25.02.1999. Die Eltern bezahlten die Miete für das Zimmer in Karlsruhe und die sonstigen Unterhaltskosten. Seit 01.04.1999 ist Markus berufstätig und bezieht einen monatlichen Bruttoarbeitslohn von 4 000,00 DM.

1.2.4 Ruth, geboren am 15.09.1981, befand sich im Jahr 1999 in Berufsausbildung und war auswärtig in Konstanz untergebracht. Die Eltern kamen voll für den Unterhalt auf. Ruth hatte keine Einkünfte und Bezüge im Jahr 1999.

1.2.5 Maria, geboren am 15.08.1977, ist seit 8 Jahren blind. Sie lebt im Haushalt der Eltern. Sie hat keine Einkünfte und kein Vermögen.

2. Einkünfte

2.1 Karl Rabe ist an der Rabe KG, Kirchheim, als Komplementär beteiligt. Der Gewinnanteil für 1999 betrug 150 000,00 DM. Rabe hat der KG ein Darlehen zur Verfügung gestellt, für das er im Jahr 1999 Zinsen in Höhe von 15 000,00 DM erhielt. Die Rabe KG verbuchte die gezahlten Zinsen als Betriebsausgaben.

2.2 Karl Rabe ist seit 1988 mit 30 % an der Rohrbau-Aktiengesellschaft, Schorndorf, beteiligt. Die Anschaffungskosten betrugen 270 000,00 DM. Die Beteiligung gehört zu seinem Privatvermögen. Im August 1999 überwies die Bank die Dividendengutschrift in Höhe von 12 000,00 DM. Im November 1999 verkaufte Herr Rabe die Beteiligung für 250 000,00 DM.

2.3 Frau Hanna Rabe erhielt 1999 folgende Bankgutschriften:

Gewinnanteil aus einer stillen Beteiligung an der Firma Karl Ott, Stuttgart 10 000,00 DM. Bei Beendigung der stillen Gesellschaft nimmt Frau Rabe laut Gesellschaftsvertrag an den stillen Reserven teil.

Gewinnanteil aus der Beteiligung an der Firma Roller GmbH, Nürtingen 9 000,00 DM

Gewinnanteil aus einer stillen Beteiligung an der Firma Fritz Kopp KG, Fellbach 18 000,00 DM.
Eine Beteiligung an den stillen Reserven wurde laut Vertrag ausgeschlossen.

2.4 Karl Rabe baute in den Jahren 1998 und 1999 ein Zweifamilienhaus in Kirchheim. Der Bauantrag wurde im April 1997 gestellt. Das Haus wurde am 01.06.1999 fertig gestellt. Zu diesem Zeitpunkt wurden die gleichwertigen Wohnungen vermietet.

1. Wohnung für monatlich 1 650,00 DM an Fremde, 100 qm; die Miete ist ortsüblich.

2. Wohnung für monatlich 660,00 DM an einen Neffen, 100 qm

Die Herstellungskosten des Hauses betrugen 600 000,00 DM, die Anschaffungskosten für Grund und Boden 250 000,00 DM.

Rabe zahlte 1999 folgende Beträge:

Hausversicherung	500,00 DM
Müllabfuhr	400,00 DM
Grundsteuer	600,00 DM
Hypothekenzinsen	6 000,00 DM
Grundbuchkosten betreffend Eintragung der Hypothekenschuld	300,00 DM

Rabe wünscht die höchste Abschreibung.

3. Die Eheleute Rabe bauten 1999 ein Einfamilienhaus in Kirchheim, das sie am 01.11.1999 mit ihrer Familie bezogen. Der Antrag auf Baugenehmigung wurde am 26.01.1999 gestellt. Die Herstellungskosten des Einfamilienhauses betrugen 500 000,00 DM, die Anschaffungskosten für Grund und Boden beliefen sich auf 300 000,00 DM. Das Haus wurde am 15.10.1999 fertig gestellt.

Im Zusammenhang mit dem Einfamilienhaus werden für 1999 folgende Angaben über verausgabte Beträge gemacht:

Hypothekenzinsen	18 000,00 DM
(monatlich 1 500,00 DM vom 01.01. bis 31.12.1999)	
Damnum bei Auszahlung eines Bankkredits im Mai 1999	8 000,00 DM
Reparatur an der Heizung im Dezember 1999	450,00 DM

4. Die Eheleute Rabe wünschen, dass die folgenden Ausgaben im Jahr 1999 einkommensteuerlich berücksichtigt werden:

4.1
Krankenversicherung	4 800,00 DM
Lebensversicherung	3 200,00 DM
Unfallversicherung	800,00 DM
Kaskoversicherung Privatauto	600,00 DM
Haftpflichtversicherung	1 200,00 DM
Einbruch-Diebstahl-Versicherung	390,00 DM
Kirchensteuervorauszahlung 1999	2 600,00 DM
Kirchensteuerrückerstattung für 1997 im Jahr 1999	600,00 DM
gemeinnützige Spende	1 500,00 DM
wissenschaftliche Spende	8 000,00 DM
mildtätige Spende	4 000,00 DM
Spende politische Partei	3 200,00 DM
Spende Freie Wählervereinigung	4 400,00 DM
Einzahlung Bausparkasse	10 000,00 DM
Krankheitskosten Frau Rabe	7 200,00 DM
Erstattung von der Krankenkasse	3 000,00 DM

4.2 Seit 15.08.1999 wird eine Hausgehilfin beschäftigt, Vergütung vom 15.08. bis 31.12.1999 insgesamt 2 600,00 DM.

Aufgabe:

Ermitteln Sie das zu versteuernde Einkommen der Eheleute Rabe für den Veranlagungszeitraum 1999! Sämtliche sich bietende Steuervergünstigungen sind auszunutzen.

Alle erforderlichen Anträge gelten als gestellt, alle Nachweise als erbracht.

Freistellungsaufträge wurden an die Banken n i c h t erteilt.

Ermitteln Sie auch die ESt-Schuld / Erstattung!

Fall 3

Karl Müller betreibt seit 1983 als Einzelunternehmer in Mannheim die "Loretto-Apotheke". Er unterliegt der Regelbesteuerung und ermittelt den Gewinn durch Betriebsvermögensvergleich.

Die von Müller am 15.04.2000 aufgestellte Bilanz zum 31.12.1999 weist folgende Werte aus:

Aktiva	Bilanz zum 31.12.1999		Passiva
1. Einrichtungen	90 000,00 DM	1. Eigenkapital	730 000,00 DM
2. Beteiligungen	20 000,00 DM	2. Verbindlichkeiten	80 000,00 DM
3. Waren	600 000,00 DM	3. So. Schulden	50 000,00 DM
4. So. Aktiva	150 000,00 DM		
	860 000,00 DM		860 000,00 DM

1999 sind Entnahmen in Höhe von 156 000,00 DM und Einlagen in Höhe von 36 000,00 DM gebucht worden. In der Bilanz zum 31.12.1998 betrug das Eigenkapital 450 000,00 DM.

Aus den Bilanzerläuterungen ergibt sich folgendes:

1.1 Bis zum 31.12.1998 hatte Müller das bebaute Grundstück Lorettostr. 12 insgesamt gemietet. Zum 01.01.1999 konnte er das bebaute Grundstück, Baujahr 1967, für 900 000,00 DM, davon 180 000,00 DM Bodenanteil, erwerben.

Am 15.02.1999 bezahlte er den Kaufpreis, 3,5 % Grunderwerbsteuer, Notargebühren von 9 000,00 DM zuzüglich 16 % USt und Grundbuchkosten von 1 000,00 DM. Da Müller 1997 eine größere Erbschaft gemacht hatte, konnte er das Grundstück mit privaten Mitteln bezahlen und erfasste es daher nicht in der Buchführung.

Von 1991 bis 31.12.1999 nutzte Müller das Grundstück wie folgt:

Kellergeschoss als Lagerraum	50 qm
Erdgeschoss als Verkaufsraum	220 qm
1. OG als Büro und Labor	150 qm
2. OG als selbstgenutzte Wohnung	180 qm
gesamte Nutzfläche	600 qm

Bis 31.12.1998 hatte Müller eine angemessene Miete bezahlt in Höhe von monatlich:

4 800,00 DM für die betrieblichen Räume
1 300,00 DM für die Wohnung

1999 wurden folgende Ausgaben bezahlt:

1 250,00 DM Grundsteuer
2 350,00 DM Hausversicherungen
2 400,00 DM kleine Reparaturen

1.2 Folgender Vorgang wurde noch nicht berücksichtigt:

Müller hat am 02.01.1999 aus seinem Betriebsvermögen einen gebrauchten PKW mit einem Buchwert von 10 000,00 DM entnommen und seinem Sohn geschenkt. Die Restnutzungsdauer betrug noch 1 Jahr. Ein Gebrauchtwagenhändler schätzte ihn auf 14 950,00 DM einschließlich 16 % USt.

Aufgabe:

a) Prüfen und begründen Sie, ob das Grundstück Lorettostr. 12 zum notwendigen Betriebsvermögen, zum gewillkürten Betriebsvermögen und/oder zum notwendigen Privatvermögen gehört.

b) Wie werden die Grundstücksteile einkommensteuerlich behandelt, wenn die Eheleute Müller bisher kein eigenes Grundvermögen besaßen und der Gesamtbetrag der Einkünfte 1999 235 000,00 DM betrug? Der Gesamtbetrag der Einkünfte in 1998 betrug 196 422,00 DM.

c) Berechnen Sie möglichst niedrig für Müller die Einkünfte aus Gewerbebetrieb für 1999.

Fall 4

Berechnen Sie das niedrigste zu versteuernde Einkommen für 1999, wenn Ihnen folgende Angaben vorliegen:

Der Gesamtbetrag der Einkünfte der Eheleute Kaiser, Wohnsitz in Stuttgart, beträgt 150 000,00 DM, beide Jahrgang 1946. Im Gesamtbetrag der Einkünfte ist das Bruttogehalt des Ehemanns als kaufmännischer Angestellter in Höhe von 68 000,00 DM enthalten.

Aus der Ehe stammen folgende Kinder:

Sohn Klaus, geboren am 10.12.1988, besucht ab 01.09.1999 eine Privatschule in Calw, die als Ersatzschule genehmigt ist. Das Schulgeld beträgt 200,00 DM und das Entgelt für Unterbringung und Verpflegung 1 300,00 DM im Monat.

Tochter Susi, geboren 12.05.1990, besucht die Grundschule in Stuttgart. Nach Schulschluss bis 17.00 Uhr nimmt sie an einer Schülerbetreuung teil, die von dem Verein "Aktion Schülerbetreuung e.V." jeweils von den abwechselnd mitarbeitenden Eltern und einer angestellten Betreuerin durchgeführt wird. 1999 zahlten die Eltern hierfür an den Verein 1 800,00 DM.

Ferner sind, soweit möglich und sinnvoll, die folgenden Beträge zu berücksichtigen:

1.	Stundungszinsen für gestundete Einkommensteuer	300,00 DM
2.	Kosten für berufliche Umschulung von Frau Kaiser in Stuttgart	2 200,00 DM
3.	Steuerberatungskosten für die Einkommensteuererklärung	750,00 DM
4.	Arbeitnehmerbeitrag zur Sozialversicherung von Herrn Kaiser	12 200,00 DM
5.	Beiträge private Krankenversicherung	2 400,00 DM
6.	Lebensversicherungsbeiträge an inländische Lebensversicherungsgesellschaft	3 300,00 DM
7.	Beiträge Hausratversicherung	150,00 DM
8.	Bausparbeiträge	4 500,00 DM
9.	Abschlussgebühr neuer Bausparvertrag	290,00 DM
10.	gezahlte Kirchensteuer	650,00 DM
11.	Spenden für mildtätige Zwecke	5 700,00 DM
12.	Spenden für gemeinnützige Zwecke	2 000,00 DM
13.	Spenden für wissenschaftliche Zwecke	1 900,00 DM
14.	Spenden für politische Partei	2 500,00 DM
15.	Verlustvortrag	5 000,00 DM
16.	Unterstützung der vermögenslosen Mutter mit monatlich	500,00 DM

Die Mutter bezog von der gesetzlichen Rentenversicherung eine Rente von insgesamt 6 000,00 DM, Ertragsanteil 20 %. Der Zuschuss zur Krankversicherung belief sich auf 370,00 DM pro Monat.

Fall 5

Die Eheleute Kauz, wohnhaft in Mannheim, machen für das Jahr 1999 folgende Angaben:

Der 60-jährige Michael Kauz ist seit 1996 Abteilungsleiter einer Filiale der Deutschen Bank Mannheim. In 1999 bezog er ein monatliches Gehalt von 7 000,00 DM. Am 15.12.1999 wurde Herrn Kauz wie allen übrigen Angestellten ein zusätzliches Monatsgehalt als Weihnachtsgeld auf sein Bankkonto überwiesen. Da die von ihm geleitete Abteilung in 1999 besonders erfolgreich arbeitete, erhielt er zusätzlich auf Grund eines Beschlusses des Direktoriums eine Anerkennungsprämie von 5 000,00 DM. Diese Prämie wurde in 1999 Herrn Kauz an seinem 60. Geburtstag ausbezahlt.

An Werbungskosten möchte Herr Kauz folgende Aufwendungen geltend machen:

a) An Kosten für die Fahrten von seiner Wohnung zum Arbeitsplatz kann Herr Kauz durch Quittungen über 1 856,00 DM nachweisen.

b) Zu seiner Geburtstagsfeier am 21.09.1999 hat Herr Kauz die Mitarbeiter seiner Abteilung in die Gaststätte "Nürnberger Hof" eingeladen. Michael hat eine Quittung über bezahlte 900,00 DM + 144,00 DM USt erhalten.

c) Im September zahlte Herr Kauz für Reparaturen nach einem selbstverschuldeten Unfall auf der Fahrt zur Börse insgesamt 1 368,00 DM (einschließlich USt). Die Bank ersetzte die Hälfte der Kosten, also 684,00 DM), da Herr Kauz eine Sitzung der Bank erreichen musste und unter Zeitdruck stand.

Am 25. Januar kaufte Herr Kauz Wertpapiere (Aktien) für 12 000,00 DM, die er zwei Monate später für 13 100,00 DM wieder verkaufte. Die Verkaufskosten betrugen 300,00 DM.

Im Juni erbte Herr Kauz von einer verstorbenen Tante Wertpapiere (Anleihen) im Wert von 8 000,00 DM. Der Zinsertrag des laufenden Jahres betrug 280,00 DM und floss ihm am 26.10.1999 zu.

Darüber hinaus erzielte Herr Kauz in 1999 Sparbuchzinsen in Höhe von 1 200,00 DM.

An eine Bausparkasse zahlte Herr Kauz Beiträge zur Erlangung eines Bauspardarlehens insgesamt 3 000,00 DM.

Seine Ehefrau Roswitha, 67 Jahre alt, erzielte in 1999 aus einer seit einigen Jahren betriebenen Fischzucht Einkünfte in Höhe von 800,00 DM.

Darüberhinaus war Roswitha 1999 auch künstlerisch tätig und erzielte aus dem Verkauf einiger Bilder Betriebseinnahmen in Höhe von 1 100,00 DM. Als Betriebsausgaben macht sie unstreitig 1 300,00 DM geltend.

Im Februar 1999 erhielt Roswitha bei Erreichen des 67. Lebensjahres aus einer Lebensversicherung die Versicherungssumme von 2 000,00 DM als Einmalbetrag.

Im März verkaufte sie aus Altersgründen ihren gebrauchten PKW (Anschaffung 1995) für 6 000,00 DM an eine Bekannte.

Seit dem 58. Lebensjahr bezieht Roswitha eine Altersrente in Höhe von jährlich 11 400,00 DM. Außerdem besitzt sie ein Sparbuch. Die sich ergebenden Zinsen, die sich in 1999 auf 480,00 DM beliefen, hat sie im Voraus an ihre 22-jährige Tochter abgetreten.

Weiterhin hat Roswitha vor einigen Jahren ein Haus geerbt, für das sie in 1999 Mieteinnahmen in Höhe von 30 240,00 DM erzielte. An Werbungskosten möchte sie folgende Ausgaben geltend machen:

a) Tilgung einer Hypothek von 3 000,00 DM
b) Zinsen auf Hypothek 1 800,00 DM
c) Abschreibung 2 800,00 DM (unstrittig)
d) Allgemeine Hauskosten 8 640,00 DM (belegt)

Eine Pauschalierung der Werbungskosten möchte Roswitha nicht haben.

Die Eheleute Kauz haben eine 22-jährige Tochter, die in München studiert, wo sie auch ein Studentenzimmer bewohnt. Die Tochter Rosa ist bei den Eltern mit zu berücksichtigen. Herr Kauz zahlte 1999 an Rosa, die keine eigenen Einkünfte erzielt, 9 600,00 DM.

Ermitteln Sie in systematischer Form das zu versteuernde Einkommen im Sinne des § 2 (5) EStG der Eheleute Kauz bei Zusammenveranlagung.

Ermitteln Sie dabei auch die Zwischengrößen "Summe der Einkünfte", "Gesamtbetrag der Einkünfte" und "Einkommen".

Freistellungsaufträge lagen in maximaler Höhe vor.

Begründen Sie außerdem kurz die Sachverhalte, die Sie nicht ansetzen.

Fall 6

Der Mandant Huber macht bezüglich seines Grundbesitzes für 1999 folgende Angaben:

Huber kaufte ein Dreifamilienhaus in 1996 in Dresden. Er finanzierte es zum Teil aus privaten Mitteln und zum Teil mittels eines langfristigen Bankdarlehens. Zwei der drei Wohnungen, die alle die gleiche Wohnfläche aufweisen, werden von Huber für 800,00 DM monatlich vermietet. Die dritte Wohnung bewohnt der ledige Huber allein.

Eine der drei Garagen ist für 60,00 DM im Monat ebenfalls vermietet. Eine andere Garage nutzt Huber für seinen PKW. Die dritte Garage steht zur Zeit leer, eine Vermietung ist jedoch beabsichtigt.

In den Mietverträgen wurde vereinbart, dass Schönheitsreparaturen von den Mietern selbst zu tragen sind.

Für 1999 möchte Huber folgende Ausgaben als Werbungskosten ansetzen:

Hausversicherungen	612,00 DM
Grundsteuer	460,00 DM
Müllabfuhr	240,00 DM
Malerarbeiten im Juni 1999 in der Wohnung des Huber (bez. am 28.06.1999)	1 400,00 DM
AfA gemäß § 7 Abs. 4 Satz 1 EStG (zutreffend ermittelt)	6 000,00 DM
Tilgung der Hypothek	7 200,00 DM
Hypothekenzinsen	800,00 DM

(Die einzelnen Aufwendungen kann Huber durch Belege nachweisen.)

Ermitteln Sie in übersichtlicher Weise die Einkünfte des Herrn Huber aus Vermietung und Verpachtung.

Gehen Sie dabei kurz auf die Punkte ein, die Sie außer Ansatz lassen.

Fall 7

A) Persönliche Verhältnisse

Edmund Hauger, geboren am 11.12.1933, ist seit 1970 mit seiner Frau Waltraud, geboren am 10.12.1946, verheiratet. Die Eheleute führen in Merseburg einen gemeinsamen Haushalt. Sie leben in gesetzlichem Güterstand. Bezüglich der Veranlagungsart haben die Eheleute keine Erklärung abgegeben.

Aus der Ehe der Eheleute Hauger gehen folgende Kinder hervor:

Josef, geboren am 30.12.1973, hatte an der Humboldt-Universität Berlin Jura studiert und sein Studium Ende Januar 1999 erfolgreich abgeschlossen. Er wurde von Edmund mit monatlich 1 000,00 DM unterstützt, wovon 300,00 DM auf Zimmermiete in Berlin entfielen. In den 10-wöchigen Semesterferien verdiente Josef als Hilfsarbeiter brutto 6 600,00 DM. Weitere Einkünfte und Bezüge hatte er in 1999 nicht.

Marion, geboren am 14.04.1980, hat während des ganzen Kalenderjahres 1999 im Haushalt der Eltern gelebt und in Merseburg ein Gymnasium besucht, wo sie 1999 ihr Abitur ablegen will. Marion hatte 1999 keine eigenen Einkünfte.

B) Einkünfte des Ehemannes

1. Edmund ist als selbständiger Rechtsanwalt in gemieteten Kanzleiräumen in Merseburg tätig. Er ermittelt seinen Gewinn durch Überschuss der Betriebseinnahmen über die Betriebsausgaben gemäß § 4 Abs. 3 EStG. Er strebt den steuerlich niedrigsten Gewinn an. In der Steuererklärung für 1999 wurden die Einkünfte aus der beruflichen Tätigkeit wie folgt ermittelt:

   Betriebseinnahmen   409 980,00 DM
   Betriebsausgaben   210 000,00 DM

Die eingereichten Unterlagen enthalten folgende Positionen:

1.1 Zur 100 %igen Finanzierung einer vernetzten EDV-Anlage (ND 5 Jahre) nahm Edmund am 02.01.1999 einen Kredit (Laufzeit 5 Jahre) in Höhe von 48 000,00 DM auf, der ihm unter Einbehalt eines Disagios in Höhe von 2 000,00 DM ausgezahlt wurde. Die Darlehenszinsen 1999 sind zutreffend ermittelt und als Betriebsausgaben erfasst. Den Auszahlungsbetrag in Höhe von 46 400,00 DM (= Kaufpreis der Anlage einschließlich damaliger 16 %iger USt) hat er in 1999 als Betriebseinnahme "gebucht". Weitere "Buchungen" erfolgten nicht. Er will die höchstmögliche AfA geltend machen. Die Anschaffung der Anlage erfolgte noch im Januar 1999 und wurde sofort bezahlt.

1.2 Die jährliche Tilgungsrate für das Darlehen (TZ 1.1) in Höhe von 9 600,00 DM wurde am 28.12.1999 gezahlt, und als Betriebsausgabe in 1999 erfasst.

1.3 1999 stellt sich heraus, dass eine einem Mandanten in Rechnung gestellte Honorarforderung in Höhe von 250,00 DM zuzüglich USt (Beratung einer Arbeitsgerichtsvorladung) nicht eingezogen werden kann, weil dieser unbekannt verzogen ist. Edmund hat deshalb den ausgefallenen Gesamtbetrag als Betriebsausgabe 1999 angesetzt.

1.4 Edmund hatte im August 1999 beim Besuch einer beruflichen Fachveranstaltung falsch geparkt. Infolgedessen wurde ihm ein Bußgeld von 60,00 DM auferlegt, das er sofort bezahlte und als Betriebsausgabe in 1999 abzog, ebenso die Abschleppkosten von 400,00 DM.

1.5 Einem Bauingenieur, der häufig als Gutachter bei Mietangelegenheiten für Mandanten auftritt, wurde zum Geburtstag, am 15.02.1999, eine Plattensammlung von Roland Kaiser überreicht (Wert 134,90 DM einschließlich Umsatzsteuer) und als Betriebsausgabe "verbucht".

1.6 Die Januarmiete für 1999 in Höhe von 2 300,00 DM wurde bereits am 27.12.1999 bezahlt und als Betriebsausgabe in 1999 behandelt. (Der Vermieter hat nicht optiert gemäß § 9 UStG.)

1.7 Edmund erwarb im Mai 1999 von einem Kfz-Händler einen PKW Marke VW Astra GLi, den er zu 80 % betrieblich nutzt. Beim Kauf wurde der volle Vorsteuerbetrag in Anspruch genommen. (Nachweis durch Fahrtenbuch).

Folgende Aufwendungen wurden als Betriebsausgaben erfasst:

Kfz-Steuer/Versicherung insgesamt (davon Kfz-Haftpflicht 850,00 DM)	1 200,00 DM
laufende Betriebskosten	400,00 DM (netto)
AfA	12 400,00 DM

Weitere "Buchungen" erfolgten nicht.

2. Edmund wurden 1999 Bausparzinsen in Höhe von 2 750,00 DM gutgeschrieben. Ein Antrag auf Gewährung von Wohnungsbauprämie hatte er nicht gestellt. Freistellungsauftrag liegt hierfür vor.

3. Edmund ist als stiller Gesellschafter an einem Handelsgewerbe beteiligt. Aus dieser Beteiligung bekommt er im September 1999 einen Gewinnanteil von 8 835,00 DM auf seinem Bankkonto gutgeschrieben. Er ist am Gewinn und Verlust, nicht aber am Betriebsvermögen beteiligt. (Ein Freistellungsauftrag liegt nicht vor.)

C) Einkünfte der Ehefrau

1. Frau Hauger ist ganzjährig als Lehrerin am Institut für Sprachen und Wirtschaft in Schönefeld tätig, unterrichtet Volkswirtschaftslehre und bekommt 3 800,00 DM brutto monatlich. Ein Urlaubs- oder Weihnachtsgeld wurde nicht gezahlt. Frau Hauger nutzte in 1999 an 196 Tagen ihren PKW (einfache Entfernung Wohnsitz - Arbeitsstätte 20 km). Außerdem hatte sie Aufwendungen für Fachliteratur (450,00 DM).

   Für ein neues Kostüm hat Frau Hauger 500,00 DM ausgegeben. Das alte Kleidungsstück wurde bei einer Veranstaltung im Institut durch farbige Tafelkreide verschmutzt und war nicht zu reinigen. Außerdem wurde Frau Hauger schuldhaft in einen Verkehrsunfall auf dem Weg zur Arbeitsstelle verwickelt, als sie leichtsinnigerweise einem jungen Mann, der des Weges kam, zu lange nachschaute.

   Die Unfallkosten betrugen 3 800,00 DM und wurden nicht von einer Versicherung übernommen. Die einbehaltene Lohnsteuer betrug 7 200,00 DM, die Lohnkirchensteuer 648,00 DM, die Sozialversicherungsbeiträge 8 436,00 DM und der Solidaritätszuschlag 540,00 DM.

2. Frau Hauger sind aus einer Erbschaft im November 1999 600 000,00 DM zugeflossen.

3. Sie bekam von ihrer Bank im Juni 1999 Beträge in Höhe von 6 479,00 DM (VW-Aktien) auf ihrem Bankkonto gutgeschrieben. (Kein Freistellungsauftrag)

   Außerdem wurden ihr am 05.01.2000 Sparbuchzinsen in Höhe von 8 200,00 DM für 1999 gutgeschrieben. (Freistellungsauftrag liegt vor.)

D) Weitere Angaben

Folgende, mit eigenen Mitteln im Kalenderjahr 1999 geleisteten Beträge werden nachgewiesen:

Reisegepäckversicherung	150,00 DM
Wohnwagenhaftpflichtversicherung	300,00 DM
Krankenversicherungsbeiträge (Ehemann)	8 030,00 DM
Bauspareinzahlungen (Ehemann)	9 250,00 DM
Privat-Rechtsschutz-Versicherung	190,00 DM
Kirchensteuervorauszahlungen	1 080,00 DM
Kirchensteuererstattung in 1999 für 1998	780,00 DM
Spenden an CDU	4 000,00 DM
SPD	3 000,00 DM
Genforschungsinstitut (wiss. Zw.)	6 000,00 DM
ESt-Vorauszahlungen in Höhe von	4 x 3 000,00 DM

Aufgabe:

a) Nehmen Sie Stellung zu Steuerpflicht, Veranlagungsform und Tarif sowie zu den zu berücksichtigenden Kindern!

b) Ermitteln Sie systematisch das zu versteuernde Einkommen der Eheleute für 1999 unter Berücksichtigung aller steuerlichen Vorteile.

Eventuell erforderliche Anträge auf Steuerermäßigungen gelten als gestellt.

Die vertretene Auffassung ist kurz, aber erschöpfend zu begründen!

c) Wie hoch ist die zu zahlende Einkommensteuer?
(Auf Kirchensteuer und Solidaritätszuschlag ist nicht einzugehen)

Fall 8

Arno Schwarz, leitender Angestellter einer Filiale der Deutschen Bank in Potsdam mit Niederlassung, erwirbt am 26.02.1997 (Datum des Kaufvertrages) eine im Bau befindliche Eigentumswohnung der Komfortklasse, die nach Bezugsfertigkeit von ihm ab 01.05.1998 selbst genutzt wird.

Mit der Anschaffung der Wohnung sind für Schwarz folgende Aufwendungen angefallen (soweit zutreffend, enthalten die nachstehenden Beträge die entsprechende Umsatzsteuer):

- Kaufpreis   350 000,00 DM
- davon entfallen 20 % auf Grund und Boden

- Notarkosten Grundschuldbestellung   1 000,00 DM

- Notarkosten Kaufvertrag   4 200,00 DM

- Eintragung Grundbuch   1 600,00 DM
  (eingetragen am 01.04.1998
  Eigentümerwechsel   1 000,00 DM
  Grundschuld   600,00 DM)

- Grunderwerbsteuer   ist angefallen

- Maklergebühr laut Rechnung   12 900,00 DM

- Disagio für Darlehen 5 % von   300 000,00 DM
  (Auszahlung zum 01.04.1998)

- gezahlte Schuldzinsen ab 01.04.   monatlich   2 000,00 DM

- Tilgung   7 x   2 000,00 DM

- Sonstige allgemeine Aufwendungen wie Schornsteinfeger
  und Müllabfuhr beliefen sich nach Bezug auf   350,00 DM

Schwarz ist seit 7 Jahren verheiratet und hat mit seiner Ehefrau, mit der er gemäß § 26 b EStG zur Einkommensteuer veranlagt wird, zwei Kinder im Alter von vier und sechs Jahren. Er hat bisher die Steuervergünstigung weder nach § 7 b noch nach § 10 e in Anspruch genommen.

Der Gesamtbetrag der Einkünfte der Eheleute beläuft sich auf 120 500,00 DM.

Aufgabe:

1. Welche steuerliche Förderung für selbstgenutztes Wohneigentum ist hier geboten?

   Welche Beträge errechnen sich bei höchstmöglicher Ausnutzung in 1998 und 1999? (Berechnung mit Erläuterung notwendig!)

   Welche Vorteile kann Schwarz im Veranlagungszeitraum 1999 sonst noch in Anspruch nehmen?

2. Wie wäre die Wohnungseigentumsförderung geregelt, wenn die Wohnung erst im VZ 1999 fertig gestellt und Schwarz die Wohnung am 01.05.1999 gekauft hätte?

Betriebliche Steuerlehre

Teil 3: Umsatzsteuer

Fall 1

Beurteilen Sie die folgenden Umsatzsteuerfälle unter Angabe der gesetzlichen Bestimmungen für 1999 im Hinblick auf

* die genaue Art des Umsatzes
* die Steuerbarkeit
* die Steuerpflicht (Steuerbefreiung)
* gegebenenfalls Umsatzsteuer
* gegebenenfalls Vorsteuerabzug
  (einschließlich Erwerb- und Einfuhrumsatzsteuer).

1. Der Möbeleinzelhändler Erich Fromm mit Geschäftssitz in Hannover bezieht 1999 Möbel für sein Einrichtungshaus in Form von Versendungslieferungen

   a) im Wert von netto 225 000,00 DM von einem Osloer Möbelhersteller (Norwegen) zu den Bedingungen "verzollt und versteuert";

   b) im Wert von netto 285 000,00 DM von einem Möbelhersteller aus Bergen (Norwegen) zu den Bedingungen "unverzollt und unversteuert";

   c) und von einem französischen Möbelhersteller aus Nancy (Frankreich) im Wert von netto 545 000,00 DM.

   Erich Fromm und seine Lieferer sind Vollunternehmer,
   ID-Nummer ist vorhanden.

2. Die Computervertriebs-GmbH Schneider mit Geschäftssitz in München tätigt 1999 unter anderem folgende Umsätze: Sie verkauft Computer

   a) im Wert von netto 505 000,00 DM an Abnehmer in Deutschland;

   b) im Wert von netto 215 500,00 DM an Abnehmer (sowohl Unternehmer als auch Privatleute) in der Schweiz. In diesem Betrag von 215 500,00 DM sind Umsätze in Höhe von 143 500,00 DM enthalten, die vom Auslieferungslager in Bern (Schweiz) erfolgen;

   c) im Wert von netto 85 600,00 DM an dänische Unternehmen, die beim Einkauf ihre dänische USt-Id.Nr. verwenden.

3. Andrea Rugel, freipraktizierende Ärztin in Leipzig, bezieht unter anderem

   a) Ein Ultraschallgerät von einer Firma in Paris zu einem Preis von netto 12 440,00 DM;

   b) einen neuen PKW, Marke Citroen, für ihren 20-jährigen Sohn von einer französischen Autofirma, ebenfalls mit Sitz in Paris, zu einem Preis von netto 18 500,00 DM.

   Die Ärztin Andrea Rugel hat die Erwerbsschwelle 1998 nicht überschritten und überschreitet sie auch 1999 voraussichtlich nicht. Die Pariser Firma für medizinische Geräte hat 1998 die Lieferschwelle überschritten und überschreitet sie voraussichtlich auch 1999 (in Bezug auf Deutschland). Sowohl das Ultraschallgerät als auch der PKW werden per Bahn nach Leipzig befördert.

4. Die Maschinenbau-GmbH Fröhlich hat ihren Geschäftssitz in Düsseldorf. Da sie Umsätze nicht nur in Deutschland tätigt, sondern auch mit Unternehmern aus Dänemark, Polen und Frankreich, unterhält sie außer in Düsseldorf noch drei weitere Auslieferungslager, nämlich in Kiel, Paris und Warschau. Alle drei dienen nicht nur der vorübergehenden Verwendung. Ein Teil der Maschinen wird demzufolge mit eigenen LKWs in die betreffenden Auslieferungslager gebracht. Vom Kieler Auslieferungslager werden nicht nur Abnehmer aus Dänemark, sondern zum Teil auch aus Norddeutschland beliefert.

5. Hans Lederer, Eigentümer eines Weingutes mit Weinhandel in Cochem an der Mosel,

   a) versendet zu Weihnachten 1999 als Weihnachtsgeschenk an fünfzig gute Kunden je eine kleine Kiste mit drei Weinflaschen im Wert von 84,00 DM netto (Aufwendungen bzw. Selbstkosten je Flasche 20,00 DM). Aus dem Buchungsbeleg sind die fünfzig Empfänger mit Namen und Anschrift ersichtlich;

   b) schenkt seiner Tochter, die auch in Cochem lebt, zu ihrem 30. Geburtstag am 20. November 1999 eine Kiste Wein im Wert von netto 210,00 DM; Selbstkosten 165,00 DM;

   c) schenkt seinem Sohn bei einem Besuch in der Schweiz - der Sohn studiert in Zürich - ebenfalls eine Kiste Wein (Wert netto 140,00 DM, Selbstkosten 100,00 DM), die Hans Lederer dem Auslieferungslager in Zürich entnimmt;

   d) nutzt einen seiner betrieblichen PKWs zu 33 1/3 % zu privaten Zwecken. Kosten dieses PKWs 1999 insgesamt 15 084,00 DM. Von den für private Zwecke angefallenen PKW-Kosten sind 40 % der Kosten Fahrten im Ausland zuzurechnen.

6. Handelsvertreter Eike Hippel, der in Straßburg (Frankreich) sein Büro unterhält und 20 % Provision je Umsatz verlangt (ID-Nummer vorhanden)

   a) vermittelt für Unternehmer Ulrich Bense (München) Werkzeuglieferungen im Wert von netto 150 000,00 DM an einen holländischen Unternehmer in Amsterdam (beide sind Vollunternehmer). Die Werkzeuglieferungen erfolgen per Bahn von München nach Amsterdam;

   b) vermittelt außerdem für die Maschinen GmbH Walter Maschinenlieferungen im Wert von netto 315 800,00 DM an Unternehmer Louis Didier in Paris. Die Maschinen GmbH Walter erteilt Eike Hippel diesen Auftrag unter Verwendung ihrer französischen USt-Id.Nr.

7. Das Transportunternehmen Emil Kraft mit Sitz in Halle/Saale (Deutschland), befördert im Juli 1999 die Möbel eines deutschen Medizinprofessors, der einem Ruf der Universität Zürich folgt, von Halle/Saale nach Zürich.

Fall 2

1. Die folgenden Fälle sind umsatzsteuerrechtlich zu beurteilen

   - nach der Leistungsart
   - nach dem Ort der Leistung
   - nach der Steuerbarkeit im Inland
   - gegebenenfalls nach der Bemessungsgrundlage,
     dem USt-Satz, der USt und der Vorsteuer
     (einschließlich Angabe der gesetzlichen Bestimmungen).

1.1 Der Handelsvertreter Kunze mit Sitz in Konstanz vermittelt unter anderem 1999 Spielzeugwaren der Herstellerfirma Reimers mit Sitz in Friedrichshafen im Wert von netto 82 800,00 DM in den süddeutschen Raum, im Wert von netto 60 500,00 DM nach Frankreich und im Wert von netto 42 400,00 DM nach Polen. Nach den Vertragsbedingungen trägt die polnische Einfuhrumsatzsteuer die Herstellerfirma Reimers (= Lieferer). In allen Fällen handelt es sich um Versendungslieferungen. Kunze erhält auf die getätigten Umsätze (netto) von der Firma Reimers 20 % Provision.

1.2 Der Einzelhändler Habicht, Sitz Freiburg im Breisgau, bestellt am 10. Oktober 1999 beim Großhändler Rau in Kehl 10 Kühlschränke einer ganz bestimmten Sorte für je 535,00 DM netto. Da Rau diese Kühlschränke nicht vorrätig hat, bestellt er sie seinerseits beim Hersteller Ludwig, Sitz in Kehl, für jeweils 450,00 DM netto. Die zehn Kühlschränke werden von der Herstellerfirma Ludwig per Bahn unmittelbar an den Einzelhändler Habicht in Freiburg geliefert.

1.3 Der Juwelier Heinzelmann verkauft im Dezember 1999 im eigenen Namen, aber auf Rechnung der Schmuckwarenfabrik Schmidt zehn Perlenketten zum Preis von 1 220,00 DM netto je Kette. Heinzelmann erhält von der Firma Schmidt für jeden Verkauf eine Provision in Höhe von 20 % des Ladenverkaufspreises.

1.4 Die Mietwagenfirma Precht mit Sitz in Freiburg im Breisgau vermietet im Dezember 1999 acht Autos an ausländische Touristen für ein Entgelt von insgesamt netto 9 650,00 DM. Dabei entfallen 30 % der mit den gemieteten Autos gefahrenen Kilometer auf Strecken im Ausland.

1.5 Landarzt Reichle in Alfdorf verkauft im Oktober 1999 seinen PKW, den er zu 80 % betrieblich und zu 20 % privat genutzt hat, für netto 18 500,00 DM an einen Heilpraktiker aus Baden-Baden, der ihn in Alfdorf abholt. Landarzt Reichle kauft ebenfalls noch im Oktober 1999 einen neuen PKW für 30 584,00 DM zuzüglich 16 % USt. Im November 1999 besucht Reichle einen Ärztekongress in München. In den hierbei entstandenen Reisekosten ist die USt in Höhe von 210,00 DM enthalten.

1.6 Ein Kaufhaus in Düsseldorf schenkt seinen Angestellten zu Weihnachten 1999 Waren zum gemeinen Wert von je 116,00 DM (einschließlich 16 % USt). Der Einkaufspreis beläuft sich jeweils dafür auf 80,00 DM netto.

Außerdem erhalten die weiblichen Angestellten dieses Kaufhauses vom Firmeninhaber ab zehnjähriger Betriebszugehörigkeit zu ihrem Geburtstag jeweils einen Blumenstrauß im Wert von 25,00 DM zuzüglich 7 % USt. Darüber hinaus hat das Kaufhaus im Jahre 1999 an zwanzig sehr gute Kunden jeweils Waren zum Einkaufspreis von 75,00 DM netto (gemeiner Wert 116,00 DM) verschenkt.

1.7 Das Transportunternehmen Richard Frank mit Sitz in Freudenstadt besorgt im eigenen Namen, aber auf Rechnung der Möbelfirma Anton Weiß, Freudenstadt, bei dem befreundeten Transportunternehmen Alfred Maier, Sitz Kehl, den Transport von Möbeln vom Auslieferungslager der Möbelfirma Weiß in Straßburg nach Paris zu dem Abnehmer. Die Firma Richard Frank stellt für die Besorgung der Beförderung der Möbel der Möbelfirma Anton Weiß 245,50 DM netto in Rechnung.

Fall 3

1. Beurteilen Sie die folgenden Umsatzsteuerfälle unter Angabe der gesetzlichen Bestimmungen für 1999 im Hinblick auf

    - genaue Art des Umsatzes
    - Steuerbarkeit
    - Steuerpflicht/Steuerbefreiung
    - gegebenenfalls Bemessungsgrundlage
    - gegebenenfalls Umsatzsteuer
    - gegebenenfalls Vorsteuerabzug.

1.1 Der deutsche Bauunternehmer Max Berger, Dresden, bestellt bei dem tschechischen Ziegelhersteller Pjotr Dupanec, Cheb, (Tschechien), 100 000 Ziegel zum Eindecken von Dächern für 40 000,00 DM netto zu den Bedingungen "verzollt und versteuert". Dupanec liefert die Ziegel mit dem eigenen LKW nach Dresden.

1.2 Der Handelsvertreter Rumiz in Crailsheim schenkte am 01.05.1999 seiner Tochter, die in Genf studiert, bei ihrem Aufenthalt zu Hause den bisher zu 40 % als Geschäftsfahrzeug benutzten PKW. Zum Zeitpunkt der Schenkung beträgt der Buchwert 8 000,00 DM, der entsprechende Einkaufspreis netto 12 500,00 DM. Die PKW-Kosten (unter anderem einschließlich AfA) belaufen sich vom 01.01.1999 bis 30.04.1999 auf 6 400,00 DM. Ein Drittel der mit dem PKW privat gefahrenen Kilometer erfolgte im Ausland.

1.3 Metzgermeister Fries betreibt in Radolfzell eine Metzgerei und in Meersburg eine Gaststätte. Im Mai 1999 wurde die Gaststätte mit Fleisch- und Wurstwaren aus der Metzgerei im Wert von netto 13 600,00 DM beliefert. Die Ware wurde mit einem Lieferwagen der Metzgerei ausgeliefert.

1.4 Der OHG-Gesellschafter Heinze in Köln erwirbt am 15.04.1999 auf eigene Rechnung einen PKW für netto 32 450,00 DM. Er lässt ihn auch auf seinen Namen zu. Heinze erhält eine Rechnung mit gesondertem Umsatzsteuerausweis. Er überlässt den PKW ab 01.05.1999 der OHG zur Nutzung und erhält dafür eine monatliche Miete von 741,00 DM bar. Heinze macht die ihm beim PKW-Kauf in Rechnung gestellte Umsatzsteuer gegenüber dem Finanzamt geltend.

1.5 Beim Ladenverkauf von Schmuck hat eine Angestellte des Franz Alt irrtümlicherweise an Stelle des üblichen Verkaufspreises von 1 083,00 DM lediglich den Großhandelspreis von 826,50 DM berechnet. Der Fehlbetrag von 256,50 DM wird der Angestellten vom Gehalt einbehalten.

1.6 Der Weingroßhändler Heim in Stuttgart bestellt für 625,00 DM netto Rotwein bei seinem schweizer Lieferanten Marchand in Montreux mit der Maßgabe, den Wein direkt an den Privatmann Früh in Reutlingen zu liefern. Der schweizer Lieferant Marchand schickt den Wein per Bahn direkt an Früh. Marchand trägt nicht die deutsche EUSt, sondern Heim.

1.7 Für die Diskothek "Goldfinger" in Zürich (Schweiz), Inhaber Georg Seibert aus Schorndorf, hat Leo Huber, Inhaber eines Elektro-Einzel- und Großhandels in Stuttgart eine aufwendige Beleuchtungsanlage gefertigt. Die Anlage wird durch den von Huber beauftragten Spediteur Frank aus Ludwigsburg von Stuttgart nach Zürich befördert und dort durch Monteure des Leo Huber betriebsfertig montiert. Nach Abschluss der Arbeiten erstellte Huber folgende Rechnung:

Beleuchtungsanlage	11 250,00 DM
Frachtkosten	480,00 DM
Endmontage Zürich	1 120,00 DM
Nettosumme	12 850,00 DM
USt 16 %	2 056,00 DM
insgesamt	14 906,50 DM

1.8 Eine Maschinenbau GmbH in Karlsruhe hat 1999 folgende Umsätze getätigt:

a) Lieferungen an Abnehmer in Inland in Höhe von 370 000,00 DM

b) Lieferungen an Abnehmer in Frankreich (Unternehmer mit ID - Nr.) in Höhe von 90 000,00 DM

c) Lieferungen an Abnehmer in Norwegen in Höhe von 145 500,00 DM (Lieferer Schuldner der ausländischen EUSt)

d) Vermietung von 9 Garagen auf dem noch freien Werksgelände,

davon 3 Garagen an Privatleute (Dauermieter) zu je 70,00 DM netto monatlich

davon 3 Garagen an zwei Unternehmen für überwiegend betriebliche genutzte PKW für je 80,00 DM netto monatlich

die übrigen 3 Garagen an ständig wechselnde Hotelgäste des gegenüberliegenden Hotels; Mieteinnahmen hierbei insgesamt 1 197,00 DM (bar).

Die Maschinenbau GmbH hat, sofern möglich, optiert.

Fall 4

Aufgabe 1

Der selbständige Kfz-Meister Fritz betreibt seit 1998 eine Reparaturwerkstatt in Bremen. Fritz, der der Regelbesteuerung unterliegt, stellt für 1999 die folgenden Zahlen zur Verfügung.

- Bruttoerlös aus Leistungen   69 600,00 DM
- anteilige Kosten für private Kfz-Nutzung
  (in voller Höhe "Eigenverbrauch")   2 100,00 DM
- abziehbare Vorsteuer   2 000,00 DM
- geleistete USt-Vorauszahlungen   4 260,00 DM

Berechnen Sie aus den oben stehenden Angaben

a) die Summe der steuerbaren Umsätze
b) die USt-Schuld 1999
c) die USt-Abschlusszahlung 1999.

Aufgabe 2

Bestimmen Sie für unten stehende Sachverhalte den Ort der sonstigen Leistung sowie das Entgelt für die steuerbare sonstige Leistung bzw., ob Sie den Sachverhalt für nicht steuerbar halten.

Es gilt für alle Sachverhalte der Rechtsstand von 1999!

a) Eine Immobilienfirma aus Genf (Schweiz) hat gegen eine Provision von 10 000,00 DM ein in Mainz liegendes Geschäftsgrundstück an einen Schweizer Käufer vermittelt.

b) Eine schweizerische Maklerfirma betreibt in Düsseldorf eine Filiale. Diese Filiale hat den Verkauf eines LKW's eines Unternehmers in Düsseldorf an einen Käufer in Basel (Schweiz) gegen eine Provision von 1 100,00 DM vermittelt. Auftraggeber war der Düsseldorfer Unternehmer.

c) Ein Mietwagengeschäft in Stuttgart vermietete einen PKW an einen Touristen aus Mexiko gegen ein Entgelt von 1 300,00 DM. Das Fahrzeug wurde in Salzburg (Österreich) übergeben. Der Tourist fuhr mit dem PKW ausschließlich in Österreich.

d) Eine Hamburger Speditionsfirma unterhält ein Lagerhaus in Bern (Schweiz). In diesem Lagerhaus werden im Auftrag einer Kölner Firma Waren gegen ein Entgelt von 800,00 DM gelagert.

Aufgabe 3

Der Obst- und Gemüsehändler Frei macht für 1999 folgende Angaben:

Einnahmen aus dem Verkauf 16 %iger Waren	12 029,20 DM
Einnahmen aus dem Verkauf 7 %iger Waren	29 630,80 DM
nichtsteuerbare Auslandslieferungen	15 250,00 DM
private PKW-Nutzung	1 760,00 DM
Vorsteuer	2 134,70 DM

Im Laufe des Jahres entnahm Frei Obst und Gemüse für seinen eigenen Haushalt zum Verkaufspreis von 2 260,00 DM (Wiederbeschaffungskosten 1 800,00 DM netto).

Außerdem besitzt Frei in Berlin ein Wohn- und Geschäftshaus, das neben dem Erdgeschoss (EG) noch fünf weitere Etagen (OG) hat, die alle gleich groß sind.

Das EG ist an einen Lebensmittelhändler für 1 000,00 DM monatlich, das I. OG an einen Rechtsanwalt und das II. OG an einen Steuerberater für je 800,00 DM monatlich vermietet. Die restlichen drei Etagen enthalten Mietwohnungen zu je 600,00 DM monatlich. Die Miete ist jeweils zum Monatsersten fällig. Im Laufe des Jahres entstand eine Dachreparatur in Höhe von 10 000,00 DM (zuzüglich 16 % USt) und das Schaufenster im EG wurde für 20 000,00 DM (zuzüglich 16 % USt) ausgewechselt.

An sonstigen abzugsfähigen Vorsteuern waren für das Haus 5 000,00 DM zu verzeichnen.

Berechnen Sie in übersichtlicher Weise den Gesamtumsatz und die USt-Zahllast für 1999. (Frei optiert für Regelbesteuerung und verzichtet - soweit möglich - auf Steuerbefreiungen.)

Fall 5

Der Steuerpflichtige Josef Fleischer ist Eigentümer eines in Wernigerode gelegenen Mehrfamilienhauses. Soweit steuerlich möglich, wurde von § 9 UStG Gebrauch gemacht. Das Mehrfamilienhaus wurde ganzjährig in 1999 wie folgt genutzt:

	netto
Erdgeschoss:	
Eigene Buchhandlung	
- Mietwert pro Monat (120 qm)	1 000,00 DM
Tierarztpraxis	
- Mieteinnahme jährlich (180 qm)	24 000,00 DM
1. Obergeschoss:	
Praxisräume Kinderarzt	
- Mieteinnahme monatlich (100 qm)	2 000,00 DM
Praxisräume Rechtsanwalt	
- Mieteinnahme monatlich (200 qm)	2 000,00 DM
2. Obergeschoss:	
Steuerberaterkanzlei	
- Mieteinnahme monatlich (100 qm)	1 000,00 DM
Wohnung einer Studenten-WG	
- Mieteinnahme monatlich (200 qm)	1 600,00 DM

An Vorsteuern sind angefallen im November 1999:

- für Reparaturen im 1. OG (Kinderarzt)	2 850,00 DM
- für Instandsetzung aller Fenster (2. OG)	3 000,00 DM
- für Erneuerung der Dachrinnen	2 400,00 DM
- für den Einkauf von Büchern (Buchhandlung)	770,00 DM

Die Umsatzsteuer aus seinem Buchhandel
ergab im November 1999   8 400,00 DM

Aufgabe:

a) Welche Umsätze des Herrn Fleischer sind

- steuerbar
- steuerfrei
- steuerpflichtig
- nicht steuerbar im November 1999?

b) Wie hoch ist die USt-Zahllast für den Monat November 1999?

Betriebliche Steuerlehre

Teil 4: Gewerbesteuer

Fall 1

Sepp, Fritz und Susanne Klein betreiben in Köln eine Stahlgroßhandlung mit einem Außenlager in Dortmund in der Rechtsform der KG.

Die beiden Brüder sind Vollhafter. Sie arbeiten im Betrieb mit. Die Schwester arbeitet nicht mit. Sepp ist zu 100 %, Fritz zu 90 % in Köln beschäftigt. 10 % seiner Arbeitszeit verbringt Fritz in Dortmund.

1. Der vorläufige Gewinn im Jahre 1999 der Klein KG beträgt 820 000,00 DM.

2. Für das Betriebsgebäude in Köln wurde ein Einheitswert von 135 000,00 DM festgestellt. Darin nicht enthalten ist der Einheitswert einer im Februar 1999 erworbenen Doppelgarage mit 6 800,00 DM im Stadtteil Deutz für 56 000,00 DM.

3. Das Betriebsgebäude in Dortmund wurde mit der gesamten Einrichtung von der Schoell GmbH angemietet. Der Einheitswert des Gebäudes beläuft sich auf 95 000,00 DM; der Teilwert der Einrichtung beträgt 86 000,00 DM. Von der Jahresmiete in Höhe von 20 000,00 DM entfallen 40 % auf die Einrichtung.

4. Der Einheitswert des Betriebsvermögens wurde vom Finanzamt Köln zum 01.01.1995 auf 1,2 Millionen DM festgestellt.

5. Zur Finanzierung eines Erweiterungsbaus wurde am 01.04.1999 ein Darlehen über 480 000,00 DM mit einer Laufzeit von 8 Jahren und einem festen Zinssatz von 9 % aufgenommen. Bei der Auszahlung wurde ein Damnum von 5 % einbehalten.

6. Im November 1999 verschenkte die KG an 200 gute Kunden je einen Taschenrechner im Wert von 55,00 DM. Wegen guter Geschäfte erhielten 180 dieser Kunden zu Weihnachten des gleichen Jahres einen Regenschirm als weiteres Werbegeschenk im Wert von je 30,00 DM. Der Einkauf dieser Artikel wurde mit dem Nettowert als "Aufwand für Geschenke", die Vorsteuer als abziehbare Vorsteuer im Soll gebucht. Weitere Buchungen erfolgten nicht.

7. Die KG leistete auf Grund eines Beschlusses ihrer Gesellschafter im Jahr 1999 eine Spende an das DRK über 10 000,00 DM sowie an die Freie Universität Berlin über 12 000,00 DM aus Mitteln des Gewerbebetriebes. Die Spenden sind als Sonderausgaben erfasst worden.

8. Im Außenlager Dortmund wurde von einem benachbarten Landwirt ein Traktor mit Mähwerk zur Pflege der Außenanlage gegen einen Monatsbetrag von 150,00 DM angemietet. Teilwert des Traktors 16 000,00 DM.

9. In Köln wurden Löhne und Gehälter in Höhe von 228 742,00 DM einschließlich 36 141,00 DM für Ausbildungsbeihilfen gezahlt. Die Summe der Löhne und Gehälter einschließlich der Ausbildungsvergütungen für Dortmund in Höhe von 17 344,00 DM betrug 143 114,00 DM. Vom erzielten Gesamtumsatz entfallen 60 % auf Köln.

10. Seit 02.02.1998 besteht bei der Volksbank Köln ein Kontokorrentkredit. Der niedrigste Kontostand seit Bestehen im Jahr 1998, der an insgesamt 10 Tagen gehalten wurde, betrug 37 000,00 DM; im Jahr 1999 betrug der an insgesamt 12 Tagen gehaltene niedrigste Kontostand 16 000,00 DM: Die gezahlten Kontokorrentzinsen 1999 betrugen 1 750,00 DM. Der Zinssatz erhöhte sich ab 01.07.1999 von 9,75 auf 10,25 %.

11. Privatmann Röder ist seit 01.01.1998 als stiller Gesellschafter mit 40 000,00 DM an der KG beteiligt. Nach den getroffenen Vereinbarungen ist er nicht nur am Gewinn oder Verlust, sondern auch an den stillen Reserven beteiligt. Sein Gewinnanteil 1999 betrug 4 800,00 DM und wurde als Aufwand gebucht.

12. Die Klein KG ist an der Schwarz KG seit 1984 mit 60 000,00 DM beteiligt. Der übernommene Verlustanteil 1999 betrug 23 300,00 DM.

13. Die Hebesätze betragen: Köln 360 %   Dortmund 320 %

Aufgabe:

Berechnen Sie die Gewerbesteuerschuld 1999.

Fall 2

Für die Maschinenfabrik Engel GmbH mit Sitz und Geschäftsleitung in Rottweil ist die Gewerbesteuerrückstellung für das Jahr 1999 zu ermitteln. Der Hebesatz beträgt 320 %.

Zu den einzelnen Punkten des Sachverhaltes ist kurz Stellung zu nehmen. Es ist jeweils auf die gesetzlichen Bestimmungen hinzuweisen.

1. Die Engel GmbH hat für 1999 einen vorläufigen Handelsbilanzgewinn in Höhe von 620 640,00 DM ermittelt (vor Rückstellungen).

2.1 Der Einheitswert des Betriebsgrundstückes I beträgt 300 000,00 DM. Das Grundstück dient seit vielen Jahren zu 100 % eigenbetrieblichen Zwecken.

2.2 Der Einheitswert des Betriebsgrundstückes II wurde vom Finanzamt mit 100 000,00 DM festgestellt. Das bebaute Grundstück wurde im April 1999 für 560 000,00 DM gekauft.

   Das Betriebsgrundstück II wird wie folgt genutzt:
   75 % eigenbetrieblich
   25 % vermietet an einen Handelsvertreter

3. Als Betriebsausgaben wurden 1999 unter anderem folgende Beträge gebucht::

3.1 Wissenschaftliche Spende   2 000,00 DM
    Gemeinnützige Spende   2 500,00 DM
    Mildtätige Spende   3 000,00 DM
    Spende an eine politische Partei   5 000,00 DM
    Spende an eine Freie Wählervereinigung 2 000,00 DM

3.2 Körperschaftsteuervorauszahlungen   230 000,00 DM
    Vermögensteuernachzahlungen aus Vorjahren 7 400,00 DM

3.3 Gewerbesteuervorauszahlungen 1999   142 000,00 DM
    Gewerbesteuernachzahlung für das Vorjahr 20 800,00 DM

3.4 Geschäftsführergehalt Gesellschafter
    Fritz Engel   90 000,00 DM
    Geschäftsführergehalt Gesellschafter
    Karl Weiß   85 000,00 DM

   Weiß lebte die meiste Zeit des Jahres am Tegernsee, so dass er sich um die Geschäftsführung nicht kümmern konnte.

3.5 Die Engel GmbH hatte im Jahr 1999 Bewirtungsaufwendungen aus geschäftlichem Anlass in Höhe von 17 500,00 DM   + 2 800,00 DM Umsatzsteuer = 20 300,00 DM. Die Aufwendungen waren angemessen. Die Höhe und die betriebliche Veranlassung der Aufwendungen wies die GmbH ordnungsgemäß nach. Die Bewirtungsspesen wurden einzeln und getrennt von den übrigen Betriebsausgaben aufgezeichnet. Die GmbH setzte deshalb Betriebsausgaben in Höhe von 17 500,00 DM an. Die gesondert in Rechnung gestellte Umsatzsteuer wurde mit 2 800,00 DM bei der Vorsteuer erfasst.

4. Die Engel GmbH mietete ab 01.01.1999 eine Computeranlage von der Computer-Leasing GmbH, München.
   Miete 1999   12 000,00 DM
   Wert der Computeranlage: 120 000,00 DM

5. Seit dem 01.04.1999 ist der Privatmann Ralph Roth als stiller Gesellschafter mit einer Vermögenseinlage von 100 000,00 DM in die Engel GmbH eingetreten. Der auf das Jahr 1999 entfallende und in der Bilanz zum 31.12.1999 zu Lasten des Gewinns zurückgestellte Gewinnanteil des Roth beträgt 9 000,00 DM. Laut Vertrag ist Roth bei Beendigung der stillen Beteiligung an den stillen Reserven nicht beteiligt.

6. An der Engel GmbH ist seit 1980 der stille Gesellschafter Thomas Weller mit 50 000,00 DM beteiligt. Weller betreibt in Stuttgart einen Gewerbebetrieb. Er weist diese Beteiligung in seinem Betriebsvermögen aus. Bei Beendigung der stillen Gesellschaft wurde eine Beteiligung an den stillen Reserven ausgeschlossen.

7. Die Engel GmbH mietete 1999 von dem Rechtsanwalt Franz Klug eine Lagerhalle und eine Maschine.

Wert der Lagerhalle	355 000,00 DM
Miete Lagerhalle 1999	18 000,00 DM
Wert der Maschine	93 000,00 DM
Miete Maschine 1999	6 500,00 DM

8. Die Engel GmbH erhielt aus der 20 %igen Beteiligung an der Braun KG, Tübingen, für 1999 einen Gewinnanteil von 21 900,00 DM. Zum 31.12.1998 und 31.12.1999 hat die Engel GmbH diese Beteiligung an der Braun KG zutreffend jeweils mit 91 000,00 DM in der Steuerbilanz ausgewiesen.

9. Die Engel GmbH hat in Singen seit 1987 einen Teilbetrieb von der Werkzeugmaschinenbau-Aktiengesellschaft gepachtet.

   Gezahlte Jahrespacht 1999
   (darin enthalten für Grundbesitz 32 000,00 DM)   288 000,00 DM
   Wert des Teilbetriebes
   (darin enthalten für Grundbesitz 300 000,00 DM)   2 950 000,00 DM

10. Die Engel GmbH ist seit 1989 mit 24 % an der Maschinenvertriebs-GmbH, Ulm, beteiligt. Die Beteiligung weist die Engel GmbH in den Steuerbilanzen zum 31.12.1998 und 31.12.1999 jeweils mit den Anschaffungskosten in Höhe von 55 000,00 DM aus.
    Der gemeine Wert zum 01.01.1999 wurde mit   61 000,00 DM
    festgestellt.
    Gewinnanteil nach Abzug der Körperschaftsteuer
    und Kapitalertragssteuer/Soli   4 638,37 DM

11. Die Engel GmbH nahm am 15.01.1999 zur Erweiterung des Betriebes einen Kredit in Höhe von 150 000,00 DM auf. Bei Auszahlung behielt die Bank ein Damnum von 6 000,00 DM ein. Die Kreditprovision betrug 850,00 DM. Die Rückzahlung des Kredites erfolgte in voller Höhe am 15.12.1999.
    Gezahlte Zinsen im Jahr 1999   11 000,00 DM

12. Der Engel GmbH wurde in den letzten Jahren ein Kontokorrentkredit von ihrer Bank eingeräumt.

    Bezahlte Bankzinsen 1998   (12 % p.a.)   6 900,00 DM
    Bezahlte Bankzinsen 1999   (12 % p.a.)   5 100,00 DM

    Stand Kontokorrent 01.01.1998   40 000,00 DM
    Stand Kontokorrent 01.01.1999   45 000,00 DM

    Niedrigster Stand 1998
    vom 13.05.1998 bis 24.05.1998   Schuld   16 500,00 DM

    Niedrigste Kontostände 1999:
    02.02. und 03.02.1999   Guthaben   2 500,00 DM
    16.05.1999   Schuld   12 000,00 DM
    20.06. und 21.06.1999   Schuld   19 000,00 DM
    22.08. bis 24.08.1999   Schuld   24 000,00 DM
    09.09. bis 12.09.1999   Schuld   26 000,00 DM

13. Eine Darlehensschuld (Stand 01.01.1999: 120 000,00 DM) wurde am 30.11.1999 in voller Höhe getilgt.
    Gezahlte Darlehenszinsen 1999   9 400,00 DM

Fall 3

Der Elektrogroßhändler Heinz Kabele betreibt in Karlsruhe seinen Gewerbebetrieb in der Rechtsform einer GmbH mit einer Filiale im Stadtgebiet Karlsruhe. Während Heinz Kabele für die Filiale Räume angemietet hat, steht das Ladengeschäft in Karlsruhe, Neue Str. 11, je zur Hälfte im Eigentum des Heinz Kabele und seiner Ehefrau. Es wird zu 75 v.H. von der Firma Kabele GmbH zu betrieblichen Zwecken und zu 25 v.H. von den Eheleuten Kabele zu eigenen Wohnzwecken genutzt. Eine Vergütung für die betriebliche Nutzung des Anteils der Ehefrau durch das Unternehmen ihres Ehemannes wurde weder vereinbart noch geleistet. Der zuletzt festgestellte Einheitswert des Grundstücks beträgt 70 000,00 DM (Wertbasis 01.01.1964).

Der für das Wirtschaftsjahr/Kalenderjahr 1999 ermittelte Gewinn aus Gewerbebetrieb beträgt 89 120,00 DM.

Die folgenden Sachverhalte haben sich 1999 unter anderem gewinnmindernd ausgewirkt:

1. Die GmbH hat während der Jahre 1997 bis 1999 bei der Karlsruher Sparkasse einen Kontokorrentkredit in Anspruch genommen. Die Zinssätze betrugen in
   1997 = 11,7 v.H.   1998 = 12,8 v.H.   1999 = 13,5 v.H.

   Der Kontokorrentkreditstand belief sich in 1997 auf:

   58 900,00 DM vom   17. bis 19.05.1997
   2 100,00 DM Guthaben vom 11. bis 12.12.1997
   0,00 DM vom   20. bis 21.12.1997

   Die restliche Zeit des Jahres 1997 schwankte die Kontokorrentschuld zwischen 87 900,00 DM und 95 600,00 DM.

   Die niedrigste Kontokorrentschuld betrug in 1998 12 500,00 DM und bestand vom 12. bis 13.08.1998. Während der übrigen Zeit des Jahres 1998 schwankte der Schuldsaldo zwischen 23 400,00 DM (10 Tage) und 28 600,00 DM.

   In 1999 ergaben sich die niedrigsten Kontostände wie folgt:

3 900,00 DM	Guthaben vom	04. bis 05.01.1999
7 800,00 DM	Schuld vom	08. bis 09.03.1999
10 400,00 DM	Schuld vom	12. bis 15.05.1999
12 600,00 DM	Guthaben am	21.06.1999
13 000,00 DM	Schuld am	08.07.1999
14 300,00 DM	Schuld am	30.08.1999
18 200,00 DM	Schuld am	03.09.1999
24 700,00 DM	Schuld am	02.10.1999

An den übrigen Tagen des Jahres 1999 wurde der Kontokorrentkredit über 24 700,00 DM hinaus beansprucht. Die tatsächlich angefallenen Kontokorrentzinsen betrugen in 1999 1 920,00 DM.

2. Die GmbH zahlte in 1999 für die Geschäftsräume, in denen die Filiale untergebracht ist, 15 000,00 DM Miete an den Rechtsanwalt Wolf, Karlsruhe.

3. Ferner hat die GmbH vom Schweizer Computerunternehmen SwissCom, Basel/Schweiz, vier PC's zu einem Teilwert von insgesamt 40 000,00 DM gemietet; an Miete wurden 1999 12 000,00 DM entrichtet.

4. Die GmbH hat am 01.04.1998 bei der Dresdner Bank, Karlsruhe, einen Kredit in Höhe von 120 000,00 DM aufgenommen, um damit den Kauf eines Grundstücks zu finanzieren, auf dem später weitere Kundenparkplätze entstehen sollen. Der Kredit, der unter Abzug von 4 v.H. Damnum ausgezahlt wurde, ist mit 8 v.H. p.a. zu verzinsen und ab Ende 1999 mit jährlich 20 000,00 DM nachträglich zu tilgen. Das Damnum wurde bei der Gewinnermittlung zutreffend behandelt.

5. Heinz Kabele hat als Geschäftsführer der Elektrogroßhandlung Heinz Kabele GmbH in 1999 ein Gehalt in Höhe von 84 000,00 DM bezogen.

6. Aus betrieblichen Mitteln wurden 1999 für wissenschaftliche Zwecke 2 000,00 DM an die Universität Karlsruhe gespendet.

7. Die vierteljährlichen Gewerbesteuer-Vorauszahlungen betrugen in 1999 jeweils 4 120,00 DM. An Gewerbesteuer-Nachzahlungen wurden für die Jahre 1996, 1997 und 1998 auf Grund einer Betriebsprüfung 14 880,00 DM in 1999 geleistet.

Aufgabe:

Ermitteln Sie für den Erhebungszeitraum 1999

a) den Gewerbesteuermessbetrag und

b) die Gewerbesteuer-Rückstellung nach der 5/6-Methode für die Elektrogroßhandlung Heinz Kabele GmbH; der Hebesatz in Karlsruhe beträgt 415 v.H.

Fall 4

1. Ermitteln Sie die Gewerbesteuer-Rückstellung für 1999 nach dem mathematischen Verfahren für das Textilwaren-Einzelhandelsunternehmen von Gustav Mayer bei einem Hebesatz der Gemeinden Rastatt (300 %) und Esslingen (350 %) einschließlich kurzer Begründung und genauer Angabe der gesetzlichen Bestimmungen.

   Aus den Büchern und Unterlagen des Textilwaren-Einzelhandelsunternehmens des Gustav Mayer mit Hauptbetrieb und Geschäftsleitung in Rastatt ergibt sich für das Wirtschaftsjahr 1999 folgendes:

   "Vorläufiger" StB-Gewinn aus dem Textilwaren-Einzelhandelsunternehmen für 1999   101 800,00 DM.

1.1 Hierbei haben sich unter anderem gewinnmindernd ausgewirkt:

   a) Das von der am 02. Januar 1999 neu eingestellten Buchhalterin monatlich gebuchte Gehalt an Gustav Mayer (BS: Gehalt an Privat 6 000,00 DM in Höhe von insgesamt 72 000,00 DM);

   b) Die Gewerbesteuer-Nachzahlungen für die Jahre 1995, 1996 und 1997 auf Grund einer Betriebsprüfung in Höhe von insgesamt 16 535,00 DM und die vierteljährlichen Gewerbesteuer-Vorauszahlungen in Höhe von jeweils 4 550,00 DM;

   c) der Gewinnanteil an den echten stillen Gesellschafter Kohlmann in Höhe von 4 800,00 DM und an den unechten stillen Gesellschafter Kurz in Höhe von 12 500,00 DM;

   d) der Verlustanteil (erstmalig) von 13 010,00 DM auf Grund einer seit Jahren bestehenden Beteiligung (als Betriebsvermögen bilanziert) des Gustav Mayer an der Joachim Schmidt KG in Heilbronn;

   e) die tatsächlich anfallenden Zinsen auf Grund eines in Anspruch genommenen Kontokorrentkredits in Höhe von 8 675,00 DM. Die drei niedrigsten Kontostände 1999 lauten auf:

./. 20 800,00 DM	(6 Tage)
./. 45 650,00 DM	(2 Tage)
./. 60 100,00 DM	(6 Tage)

   Zinssatz 15 %

   f) die vom betrieblichen Bankkonto überwiesenen Spenden für wissenschaftliche Zwecke in Höhe von 3 725,00 DM und für besonders förderungswürdige kulturelle Zwecke in Höhe von 2 450,00 DM;

g) die Mietzahlungen von monatlich 350,00 DM, also insgesamt 4 200,00 DM, für eine gemietete Computeranlage an die Witwe Erna Lutz. Frau Lutz gab nach dem Tod ihres Ehemannes im Oktober 1997 sofort die Firma ihres Ehemannes "Franz Lutz - Computervertrieb" auf.

1.2 Das Textilwaren-Einzelhandelsunternehmen von Gustav Mayer unterhält eine Filiale in Esslingen. Gustav Meyer verbringt von seiner Arbeitszeit 3/5 im Rastatter Betrieb und 2/5 im Esslinger Betrieb. Der atypische stille Gesellschafter Kurz arbeitet in keiner der beiden Betriebsstätten mit.

1.3 Der Einheitswert des zum Betriebsvermögen gehörenden Grundbesitzes beträgt 235 200,00 DM (= 100 %).

1.4 Die Summe der 1999 an die beschäftigten Arbeitnehmer ausgezahlten Arbeitslöhne (AL) sowie die Summe der 1999 erzielten Betriebseinnahmen (BE) beläuft sich jeweils auf:

	(AL)	(BE)
in Rastatt	210 535,00 DM	1 560 095,00 DM
in Esslingen	60 217,00 DM	390 997,00 DM
	270 752,00 DM	1 951 092,00 DM

Fall 5

Der Unternehmer Max Engel ist Eigentümer eines Gewerbebetriebes mit zwei Betriebsstätten. Die Betriebsstätte in Tettnang besteht aus einer Tankstelle mit einer Reparaturwerkstatt und einem Abschleppdienst, in Friedrichshafen befindet sich eine Reparaturwerkstatt mit einem Gebrauchtwagenhandel.

Der Gewinn für das Kalenderjahr 1999 wurde zutreffend gemäß § 5 EStG mit 360 000,00 DM ermittelt.

Folgende Sachverhalte sind zu beurteilen:

1. Das seit 1988 als Betriebsgrundstück bilanzierte Gebäude mit Büroräumen und Werkstätte in Friedrichshafen gehört Karl Bohr. Der zum 01.01.1990 festgestellte Einheitswert des Grundstücks beträgt 175 000,00 DM.

2. Am 04.03.1999 wurde in Friedrichshafen zur Betriebserweiterung zusätzlicher Grund und Boden erworben und zum 31.12.1999 mit 35 000,00 DM bilanziert. Der Einheitswert beträgt 11 000,00 DM.

3. Das Büro der Betriebsstätte Tettnang befindet sich seit 1986 in einem Gebäude von Max Engel. Die betriebliche Nutzung, bezogen auf die Jahresrohmiete, beträgt 16 %. Im Übrigen dient das Grundstück mit einem Einheitswert von 90 000,00 DM zu Wohnzwecken.
   Eine Bilanzierung ist nicht erfolgt, weil der betrieblich genutzte Teil des Gebäudes gemäß A 14 (2) EStR von untergeordneter Bedeutung war.

4. Der Grund und Boden, auf dem sich Tankstelle und Werkstatt der Betriebsstätte Tettnang befinden, steht zu 55 % im Eigentum von Max Engel und zu 45 % im Eigentum seiner Frau Erika. Die betrieblichen Gebäude wurden im Einvernehmen mit Frau Engel aus Mitteln des Betriebes 1986 auf dem gemeinsamen Grund und Boden errichtet. Der Einheitswert des Grundstücks beläuft sich seither auf 130 000,00 DM.

5. Aus der Vermietung eines Fahrzeugs wurden 2 500,00 DM Mieteinnahmen erzielt.

6. Folgende Arbeitslöhne wurden 1999 gezahlt::

Friedrichshafen	590 700,00 DM
Tettnang	390 670,00 DM

   In den Arbeitslöhnen der Betriebsstätte Friedrichshafen sind 120 000,00 DM Ausbildungsvergütungen enthalten, in den Löhnen der Betriebsstätte Tettnang 15 000,00 DM Tantieme für den dortigen Geschäftsführer. Herr Max Engel leitet die Betriebsstätte Friedrichshafen.

7. Vom früheren Eigentümer der Tankstelle wurde 1998 ein Kranwagen, Teilwert 01.01.1998 15 000,00 DM Teilwert 01.01.1999 13 000,00 DM, auf Mietbasis übernommen. Der Eigentümer, der inzwischen im Ruhestand lebt, erhielt 1999 Miete in Höhe von 9 100,00 DM.

8. Eduard Engel, der Bruder von Max Engel, ist leitender Angestellter bei der Zahnradfabrik Friedrichshafen. Er hat 1996 als stiller Gesellschafter dem Unternehmen 250 000,00 DM zur Verfügung gestellt.

   Der Gewinnanteil des am Erfolg und an den stillen Reserven beteiligten Eduard Engel betrug 1999 40 500,00 DM, er wurde am 17.02.2000 ausbezahlt.

9. Für die einem österreichischen Fachhändler in Bregenz gehörende Datenverarbeitungsanlage musste 1999 Miete in Höhe von 5 250,00 DM gezahlt werden.

Teilwert der Anlage:	01.01.1998	3 000,00 DM
	01.01.1999	11 900,00 DM

10. Am 30. Dezember 1998 wurde Herrn Max Engel von der Volksbank Tettnang ein grundbuchrechtlich gesichertes Darlehen in Höhe von 200 000,00 DM mit einem Zinssatz von 7 % und einer Auszahlung von 95 % zum 01.01.1999 zugesagt - Laufzeit bis 31.12.2003. Die erste Teilauszahlung erfolgte am 13.01.1999 mit 90 000,00 DM. Das Damnum ist hierbei bereits in voller Höhe abgezogen. Im Jahre 1999 wurden 1 700,00 DM Bereitstellungsprovision und 10 400,00 DM Darlehenszinsen belastet.

11. Ein am 10.12.1992 ausgezahltes betriebliches Darlehen der Kreissparkasse über ursprünglich 260 000,00 DM bestand in unveränderter Höhe bis Januar 1999 und wurde seit 1999 jährlich mit 25 000,00 DM getilgt. Ende 1999 bestand noch eine Restschuld von 235 000,00 DM. Die 1999 belasteten Zinsen beliefen sich auf 14 300,00 DM.

12. Das Unternehmen unterhält bei der Kreissparkasse Friedrichshafen ein Kontokorrentkonto. Die jeweiligen Schuldsalden waren im ersten Halbjahr 1999 mit 8 % und ab 01.07.1999 mit 8,5 % zu verzinsen.

Die Zinsbelastung belief sich für 1999 auf insgesamt 6 400,00 DM.

Das Konto wies im Jahr 1999 folgende Schuldstände auf:

05.02.1999	./. 7 000,00 DM	12.10.1999	./. 21 000,00 DM
07.02.1999	./. 16 000,00 DM	13.10.1999	./. 18 000,00 DM
03.05.1999	./. 20 200,00 DM	11.11.1999	./. 22 200,00 DM
09.08.1999	./. 1 000,00 DM	21.12.1999	./. 3 000,00 DM

An drei Tagen des Jahres 1999 wurde ein Guthaben ausgewiesen. An den anderen Tagen des Jahres lag der Schuldenstand zwischen 25 000,00 DM und 120 000,00 DM.

Aufgabe:

Ermitteln Sie die Gewerbesteuerschuld für 1999. Als Hebesätze sind zu berücksichtigen für die Gemeinde Friedrichshafen 310 % und für die Gemeinde Tettnang 290 %.

Die Lösungen sind, soweit dies für das Verständnis notwendig ist, kurz zu begründen.

Betriebliche Steuerlehre

Teil 5: Erbschaftsteuer

Berechnen Sie jeweils für die Fälle 1 bis 8 die entsprechenden Grundstückswerte für die Erbschaft-/Schenkungsteuer.

Fall 1

Robert Härle verstarb am 20.11.1999. Er vererbte unter anderem:
Unbebautes Grundstück   Größe: 8 ar 33 qm
                        Bodenrichtwert 01.01.1996:   450,00 DM/qm

Fall 2

Wie Fall 1, aber der Verkehrswert des Grundstücks beträgt laut Gutachten 240 000,00 DM (Grund: Überschwemmungsland, sumpfiger Untergrund).

Fall 3

Susi Pfleiderer starb am 16.09.1999. Sie vererbte unter anderem:

Bebautes Grundstück mit vier Wohnungen
Jahreskaltmiete   1997   40 400,00 DM
                   1998   44 500,00 DM
                   1999   48 300,00 DM

Bezugsfertig April 1967, Grund und Boden wie Fall 1,
Verkehrswert 1 000 000,00 DM

Fall 4

Rene Majer starb am 24. 05.1999. Er vererbte unter anderem:
Bebautes Grundstück, selbstgenutztes Zweifamilienhaus mit 180 qm Wohnfläche (dient ausschließlich Wohnzwecken), die übliche Miete (Mietspiegel) beträgt 13,00 DM je qm, bezugsfertig März 1937. Grund und Boden wie Fall 1, Verkehrswert 600 000,00 DM.

Fall 5

Fritz Klein verstarb am 16.10.1999 und er vererbte unter anderem:

Eigengenutztes Fabrikgrundstück, für das keine Miete ermittelt werden konnte:

Grund und Boden: Größe   21 ar 04 qm
                   Bodenrichtwert 01.01.1996   210,00 DM/qm
Gebäude: Steuerbilanzwert am Todestag   1 240 000,00 DM

Fall 6

Wie Fall 3. An dem Grundstück ist ein Erbbaurecht bestellt. Der monatliche Erbbauzins beträgt 1 220,00 DM

Fall 7

Wie Fall 1, aber

Unbebautes Grundstück am Todestag und zusätzlich
vier Wohnungen im Bau; Miete nach Bezugsfertigkeit 45 100,00 DM jährlich

Herstellungskosten bis Todestag	660 000,00 DM
Gesamte Herstellungskosten	860 000,00 DM
Wert des Grundstücks nach Bezugsfertigkeit	558 000,00 DM

Fall 8

Emma Häberle vererbte am 27.11.1999 unter anderem:

Bebautes Grundstück, die wirtschaftliche Einheit umfasst folgendes:

1) Bürogebäude

1 600 qm Büroräume, eigengenutzt, übliche Miete	350 000,00 DM
600 qm Büroräume, vermietet, Jahresnettokaltmiete	130 000,00 DM
4 Wohnungen vermietet, Jahresnettokaltmiete	50 000,00 DM

angegeben ist die durchschnittliche Jahresnettokaltmiete bzw. übliche Miete der letzten drei Jahre vor dem Todestag

Summe	540 000,00 DM

Bezugsfertig Mai 1985, Todestag 17.06.1999

Grund und Bodenanteil: Größe 2 500 qm
Bodenrichtwert: 01.01.1996 450,00 DM/qm

Gebäude:
Steuerbilanzwert am Todestag:
eigengenutzte Büros	2 180 000,00 DM
ertragsteuerlicher Wert:	
vermietete Büros	760 000,00 DM
Wohnungen	740 000,00 DM

2) Fabrikgebäude

   Eine Jahresnettokaltmiete bzw. eine übliche Miete lässt sich nicht ermitteln:

   Grund und Bodenanteil:
   Größe   4 050 qm
   Bodenrichtwert 01.01.1996   190,00 DM/qm

   Gebäude:
   Steuerbilanzwert am Todestag   2 450 000,00 DM

Fall 9

Ute Vollmer betreibt in Karlsruhe einen gewerblichen Betrieb für Zoo-Zubehör. Am 01.11.1999 bricht sie bei der Hausarbeit (Fensterputzen) zusammen und verstirbt noch am selben Tag. Die in Karlsruhe lebende Tochter Susi übernimmt den gewerblichen Betrieb und nimmt die Erbschaft an.

1. Lebensversicherung

Frau Vollmer hatte schon vor Jahren eine Lebensversicherung abgeschlossen. Als begünstigte Person hat Frau Vollmer bei der Lebensversicherung ihre Tochter benannt. Die Lebensversicherung hat auf Grund der Versicherungsvereinbarungen nach dem Tod der Frau Vollmer eine monatliche Rente von 500,00 DM an die Tochter auszuzahlen. Die Rentenzahlungen werden mit dem Tod der Tochter enden, spätestens jedoch nach 15 Jahren. Die Tochter ist am 01.11.1959 (abends um 23.00 Uhr) geboren worden.

2. Betrieb der Land- und Forstwirtschaft

Frau Vollmer war auch Eigentümerin eines Betriebs der Land- und Forstwirtschaft im Raum Krefeld. Der bisher festgestellte Einheitswert nach den Wertverhältnissen zum 01.01.1964 betrug 200 000,00 DM. Der neue land- und forstwirtschaftliche Grundbesitzwert beträgt 700 000,00 DM. In dem Grundbesitzwert ist der Wohnteil nicht enthalten. Frau Vollmer hatte für den land- und forstwirtschaftlichen Betrieb noch am 30.10.1999 einen Traktor zu einem Kaufpreis von 500 000,00 DM erworben. Der Traktor wurde noch am 30.10.1999 ausgeliefert. Die Kaufpreisschuld hatte Frau Vollmer nicht mehr begleichen können.

3. Gewerbebetrieb

Frau Vollmer produzierte im eigenen Gewerbebetrieb Zoo-Zubehör. Sie ermittelte ihren Gewinn durch Betriebsvermögensvergleich. Die Bilanz zum 31.12.1998 ist bereits erstellt. Jedoch hat die Tochter veranlasst, dass auch zum Todeszeitpunkt eine Bilanz erstellt wurde. Die Bilanz weist folgende Positionen aus:

Bilanz zum 01.11.1999

1. Grund und Boden	80 000,00 DM	7. Kapital	825 000,00 DM
2. Gebäude	8 000,00 DM	8. Rücklage	50 000,00 DM
3. Betriebs- und Geschäftsausstattung	40 000,00 DM	9 Rückstellung	5 000,00 DM
		10. Verbindlichk.	228 000,00 DM
4. Forderungen	310 000,00 DM		
5. Bank	600 000,00 DM		
6. Kasse	70 000,00 DM		
	1 108 000,00 DM		1 108 000,00 DM

Zu 1./2.: Grundstück

Auf dem in der Bilanz ausgewiesenen Grundstück befindet sich das Verwaltungsgebäude des Gewerbebetriebs.

Das Verwaltungsgebäude ist auf einer Grundstücksfläche von 2 000 qm errichtet worden. Der Bodenrichtwert zum 01.01.1996 beträgt 70,00 DM und zum 01.11.1999 77,00 DM.

Das Verwaltungsgebäude verfügt über eine Nutzfläche von 500 qm. Die übliche Miete für vergleichbare Verwaltungsgebäude beträgt 15,00 DM. Das Verwaltungsgebäude ist am 01.04.1972 bezugsfertig geworden.

Zu 3.: Betriebs- und Geschäftsausstattung

Der Bilanzposten ist nicht zu beanstanden.

Zu 4.: Geringwertige Wirtschaftsgüter

Der Bilanzposten ist nicht zu beanstanden. In den letzten fünf Jahren wurden jeweils 100 000,00 DM pro Jahr für geringwertige Wirtschaftsgüter aufgewandt und im Jahr der Anschaffung voll abgeschrieben.

Zu 5.: Forderungen

Bei der Ermittlung der Forderungen wurden Pauschalwertberichtigungen in Höhe von 5 000,00 DM abgezogen.

Zu 6./7.: Bank/Kasse

Die Bilanzposten sind nicht zu beanstanden.

Zu 9.: Rücklage

Der Bilanzposten ist nicht zu beanstanden.

Zu 10.: Rückstellung

Der Bilanzposten ist nicht zu beanstanden und für die zu erwartenden Jahresabschlusskosten gebildet worden.

Zu 11.: Verbindlichkeiten

Der Bilanzposten ist nicht zu beanstanden.

4. Einfamilienhaus

Frau Ute Vollmer bewohnte bis zu ihrem Tod ein Einfamilienhaus in Karlsruhe. Es handelt sich um ein freistehendes Einfamilienhaus ohne Garage. In dem Einfamilienhaus befindet sich ein Arbeitszimmer, in dem Frau Vollmer Arbeiten ausführte, die mit der Verwaltung ihres Mietwohngrundstückes in Kempten zusammenhängen. Die für das Arbeitszimmer entstandenen Kosten sind vom Finanzamt bei der Ermittlung der Einkünfte aus Vermietung und Verpachtung als Werbungskosten anerkannt worden.

Die Tochter hat durch das Gutachten eines vereidigten und öffentlich bestellten Sachverständigen nachgewiesen, dass der Verkehrswert für das Grundstück 220 000,00 DM betragen würde, wenn das Grundstück unbebaut wäre. Das Gutachten geht von verschiedenen Wertminderungen aus und ist in seinen Annahmen in sich schlüssig. Es wird vom Finanzamt inhaltlich nicht beanstandet. Der Grund und Boden umfasst 750 qm. Der Bodenrichtwert zum 01.01.1996 beträgt 380,00 DM. Am 01.11.1999 beträgt der Bodenrichtwert 400,00 DM.

Das Einfamilienhaus wurde am 01.12.1953 bezugsfertig. Es verfügt über eine Wohnfläche von 132 qm. Es handelt sich um einen Massivbau. Die übliche Miete pro qm Wohnfläche beträgt nach dem örtlich geltenden Mietspiegel 10,00 DM. In der Miete des Mietspiegels sind Betriebskosten noch nicht enthalten. Diese belaufen sich auf 4,00 DM pro qm. Außerdem ist der Mietspiegel auf solche Wohnungen ausgerichtet, die sich in Gebäuden mit mehreren Wohnungen befinden. Bei freistehenden Einfamilienhäusern ist nach den Festlegungen im Mietspiegel ein Zuschlag von 10 % erforderlich.

5. Mietwohngrundstück in Kempten

Der Grundbesitzwert zum 01.01.1996 beträgt 800 000,00 DM und zum 01.11.1999 870 000,00 DM. Der zuletzt festgestellte Einheitswert beträgt 99 000,00 DM. Auf dem Mietwohngrundstück lastet noch eine Hypothek von 777 000,00 DM, die die Tochter ebenfalls übernimmt.

Zusätzliche Hinweise:

Die Tochter hat die Beerdigungskosten getragen und in Höhe von 23 000,00 DM nachgewiesen.

Die Mutter Ute hat bereits ihrer Tochter im Jahr 1994 einen Geldbetrag von 300 000,00 DM geschenkt.

Betriebliche Steuerlehre

Teil 6: Bewertung

Für die in Bremen (über 500 000 Einwohner) nebeneinander gelegenen Grundstücke Waldstraße 7 und Waldstraße 9 wurden zum 01.01.1995 folgende Einheitswertfeststellungen getroffen.

	Waldstraße 7	Waldstraße 9
Grundstücksart	unbebautes Grundstück	unbebautes Grundstück
Wert	16 000,00 DM	12 000,00 DM
Zurechnung	Anton Antonsen	Bruno Brüll
Vermögensart	Grundvermögen	Grundvermögen

Das Grundstück Waldstraße 7 hatte eine Größe von 800 qm, das Grundstück Waldstraße 9 eine Größe von 600 qm.

Im Jahre 1995 verkauft Anton Antonsen einen Streifen von 200 qm seines Grundstückes an Bruno Brüll. Der entsprechende Vertrag wurde am 06.07.1995 notariell beurkundet, der Streifen wurde am 01.08.1995 übergeben und am 05.09.1995 wurde der Vorgang im Grundbuch eingetragen. Laut Kaufvertrag hatte Bruno Brüll für den Streifen 20 000,00 DM zu zahlen.

Brüll zog sofort nach der Grundstücksübergabe um seine gesamte Fläche einen neuen Zaun.

Da Brüll 1996 im Spielkasino große Summen verloren hatte, musste er das Grundstück Waldstraße 9 mit Vertrag vom 01.10.1996 verkaufen. Das Grundstück wurde am 01.12.1996 an den Erwerber Claus Caesar übergeben. Im Grundbuch konnte der Eigentümerwechsel erst am 05.01.1997 eingetragen werden.

Claus Caesar vermietet das Grundstück sofort (ab 01.12.1996) an seine Ehefrau Doris, von der er seit dem 15.01.1997 dauernd getrennt lebt. Die Ehefrau nutzt das Grundstück als Kundenparkplatz für ihren auf dem Grundstück nebenan (Waldstraße 11) gelegenen Friseursalon. Mit Wirkung zum 01.02.1998 hat Caesar den Mietvertrag gelöst und nutzt das Grundstück ab diesem Zeitpunkt als Parkplatz für seine Speditionsfirma.

Anton Antonsen hat sein Grundstück Waldstraße 7 in 1996 bebaut. Nach der Fertigstellung des in Massivbauweise errichteten Gebäudes ergibt sich ab dem 01.12.1996 folgende Nutzung des Gebäudes:

	Nutzung	Miete	Umlagen	Heizung
Erdgeschoss:	Laden	selbstgenutzt		
1. Stock	Wohnung	350,00 DM	50,00 DM	100,00 DM
2. Stock	Wohnung	350,00 DM	50,00 DM	100,00 DM
3. Stock	Wohnung	selbstgenutzt		

Der Laden könnte ortsüblicherweise zu 450,00 DM nebst 50,00 DM Umlagen und 100,00 DM Heizung vermietet werden, wobei ein Mieter auch die Schönheitsreparaturen zu tragen hätte.

Die Wohnungen sind jeweils gleich groß und gleich ausgestattet. Der Laden hat ebenfalls die gleiche Größe wie die Wohnungen. Die Mietzahlungen im 1. Stock sind als ortsüblich anzusehen.

Anton Antonsen hat in den Mietverträgen festgelegt, dass die Mieter die Schönheitsreparaturen zu tragen haben.

Die angegebenen Werte beziehen sich auf den Monat und entsprechen den Wertverhältnissen vom 01.01.1964. Seitdem hat sich das Mietniveau und das der Nebenleistungen verdreifacht.

Zum 31.10.1997 hat Anton Antonsen dem Mieter des 1. Stockes die Wohnung gekündigt. Im November 1997 führt er kleinere Umbauten durch und nutzt das Geschoss ab 01.12.1997 zusammen mit dem Erdgeschoss als Laden. Er ist froh, dass er diese Möglichkeit zur Vergrößerung seines Ladens hat.

Mit Wirkung zum 01.12.1998 hat Anton Antonsen eine Fläche vom 12 qm seines Grundstückes an die Bremer Stadtwerke AG verkauft, die auf dem Grundstück ein Trafohäuschen errichten möchte. Mit dem Bau wurde in 1999 begonnen.

Aufgabe

Führen Sie alle auf Grund des Sachverhaltes ersichtlichen Feststellungen bis einschließlich 01.01.1999 durch!

Begründen Sie Ihre Ausführungen durch Angabe der einschlägigen Vorschriften!

Betriebliche Steuerlehre

Teil 7: Körperschaftsteuer

Fall 1

Die Gewinn- und Verlustrechnung der Weißenbach GmbH enthält für das Jahr 1999 die folgenden Positionen:

Umatzerlöse	287 000,00 DM
KSt-Erstattung 1997	9 000,00 DM
Wareneinkauf	./. 144 000,00 DM
Sonstige betriebliche Aufwendungen	./. 22 000,00 DM
Kirchliche Spende	./. 4 600,00 DM
Gewerbesteuervorauszahlung	./. 9 800,00 DM
Körperschaftsteuervorauszahlungen 1999	./. 41 000,00 DM
Körperschaftsteuerrückstellung	./. 8 120,00 DM
Jahresüberschuss	66 480,00 DM

Ermitteln Sie das zu versteuernde Einkommen für den Veranlagungszeitraum 1999!

Fall 2

Die Siwanat GmbH hat in 1999 ein zu versteuerndes Einkommen von 247 000,00 DM.

Wie hoch sind die Ausschüttungen, die KSt-Minderung und die festzusetzende KSt, wenn der höchstmögliche Gewinn ausgeschüttet werden soll?

Auf den Solidaritätszuschlag ist nicht einzugehen.

Fall 3

Die UKW GmbH legt folgende handelsrechtliche GuV-Rechnung vor:

Soll	GuV am 31.12.1999		Haben
	DM		DM
Betriebliche Aufwendungen	412 000,00	Umsatzerlöse	650 000,00
Bewirtungsaufwendungen	16 000,00		
Spende/wissensch. Zwecke	9 000,00		
Spende/kirchl. Zwecke	7 000,00		
KSt-Vorauszahlungen und Rückstellungen 1999	78 000,00		
GewSt-Vorauszahlungen und Rückstellungen 1999	56 000,00		
Jahresüberschuss	72 000,00		
	650 000,00		650 000,00

Aufgaben:

1. Ermitteln Sie das zu versteuernde Einkommen der GmbH für den Veranlagungszeitraum 1999.

2. Wie hoch sind die Ausschüttung, die Körperschaftsteuerminderung und die festzusetzende Körperschaftsteuer der GmbH, wenn der höchstmögliche Gewinn ausgeschüttet werden soll?

Auf den Solidaritätszuschlag ist nicht einzugehen.

Rechnungswesen

Fall 1 - Fall 5

Fall 1

Bernhard Stierle ist Groß- und Einzelhändler für Unterhaltungselektronik. Er hat in Reichsburg/Mecklenburg ein großes Lagergebäude und ein kleines Bürohaus und beliefert Abnehmer in Mecklenburg mit Hifi-Anlagen sowie Fernseh- und Videogeräten. Stierle besteuert seine Umsätze nach § 16 UStG (Regelbesteuerung). Alle Umsätze unterliegen dem Steuersatz von 16 %.

Die Voraussetzungen für die Inanspruchnahme der Sonderabschreibung nach § 7 g EStG liegen nicht vor.

Herr Stierle ermittelt seinen Gewinn gemäß § 5 EStG.

Das Wirtschaftsjahr ist identisch mit dem Kalenderjahr.

Sachverhalt 1

Herr Stierle hat am 18. Mai 1999 ein bebautes Grundstück gekauft und diese Anschaffung auch gebucht. Der Bauantrag war 1992 gestellt und das Gebäude 1993 fertig gestellt worden.

Von dem Kaufpreis in Höhe von 280 000,00 DM entfielen auf das Gebäude 210 000,00 DM und auf Grund und Boden 70 000,00 DM.

Auf das Konto "Grundstücksaufwendungen" wurden bisher folgende Aufwendungen gebucht:

Grunderwerbsteuer	9 800,00 DM	
Notarkosten Kaufvertrag	3 712,00 DM	einschließlich USt
Umbaukosten	98 600,00 DM	einschließlich USt

Das Gebäude wurde ab dem 21. Oktober 1999 betrieblich genutzt. Weitere Buchungen erfolgten nicht.

Unerwartet erhielt Herr Stierle am 08.12.1999 eine Aufforderung über nachträgliche Erschließungsbeiträge von der Stadt Reichsburg in Höhe von 6 410,00 DM, die er am 08.01.2000 überwies. Eine Buchung erfolgte nicht.

Sachverhalt 2

Stierle hat zur Finanzierung des vorgenannten Gebäudes (siehe Sachverhalt Nr. 1) am 01.09.1999 ein Darlehen über 100 000,00 DM aufgenommen. Die Konditionen lauten:

- Auszahlung 96,0 %
- Zinsen 8,2 %
- Laufzeit 3 Jahre

Die Zinsen sind halbjährlich nachträglich fällig.

Es wurde bereits gebucht:

Bank	96 000,00 DM	
an langfristige Verbindlichkeiten		96 000,00 DM

Sachverhalt 3

Das Konto "Sonderposten mit Rücklageanteil" enthält unter anderem einen Betrag von 12 500,00 DM. Diese steuerfreie Rücklage wurde 1998 für die Ersatzbeschaffung eines neuen LKWs gebildet. In 1999 wird davon endgültig Abstand genommen.

Sachverhalt 4

Einen bisher von seiner Tochter genutzten und in deren Eigentum befindlichen PC hat Herr Stierle ab dem 01.07.1999 ausschließlich betrieblich genutzt.

Der PC wurde am 02.01.1998 für 9 200,00 DM einschließlich USt privat von der Tochter erworben. Die Nutzungsdauer dieses PCs wird unzweifelhaft mit 5 Jahren angesetzt. Buchmäßig wurde dieser Sachverhalt noch nicht erfasst.

Sachverhalt 5

Das Konto "Forderungen aus Lieferungen und Leistungen" enthält zum 31.12.1999 126 800,00 DM und das Konto "Pauschalwertberichtigung auf Forderungen" 14 220,00 DM.

a) Der Kunde Schuster aus Schönhausen, gegenüber dem eine Forderung von 3 016,00 DM besteht, ist in Zahlungsschwierigkeiten geraten. Zum Bilanzstichtag schätzen wir die Forderung mit 40 % als werthaltig ein.

b) Im Dezember 1999 wurde unerwartet die Eröffnung des Insolvenzverfahrens über das Vermögen des Kunden Hans aus Neustadt mangels Masse abgelehnt. Hans hat seine Geschäftstätigkeit beendet. Die Forderung belief sich auf 4 872,00 DM.

c) Eine Forderung in Höhe von 6 960,00 DM gegenüber dem Kunden Möhrle aus Burg hatten wir in 1998 als uneinbringlich abgeschrieben, nachdem Möhrle Insolvenz beantragt hat. Völlig unerwartet erfahren wir am 23.12.1999 aus der Regionalzeitung, dass uns zu Beginn des folgenden Jahres 10 % unserer Forderung höchstwahrscheinlich zufließen werden.

d) Ein einziger ausländischer Kunde, Robert Zoffer, aus Basel (Schweiz), hat im Dezember 1999 Insolvenz angemeldet. Er schuldet Herrn Stierle noch 2 320,00 DM, von denen der Letztgenannte aber höchstens noch 20 % erwartet.
Für die restlichen inländischen Forderungen ist eine Pauschalwertberichtigung von 2 % erforderlich.

Sachverhalt 6

Am 25.04.1999 hat Herr Stierle Wertpapiere des UV erworben (AK = 26 000,00 DM). Der Kurs der Wertpapiere ist erfreulicherweise am 31.12.1999 um 25 % gestiegen. Aus bilanzpolitischen Gründen hat Buchhalter Gerber den höheren neueren Wert aktiviert.

Sachverhalt 7

Die Gewerbesteuer wurde laut Bescheid 1998, datiert vom 10.12.1999, auf 4 600,00 DM festgesetzt. Dieser Betrag wurde am 27.12.1999 überwiesen. Gebucht wurde aber noch nichts.

Buchhalter Gerber hatte für 1998 eine Gewerbesteuer-Rückstellung in Höhe von 6 100,00 DM gebildet. Für 1999 muss Stierle mit einer Gewerbesteuer-Zahlung von 11 000,00 DM rechnen. Ein Betrag von 8 500,00 DM wurde bereits vorausgezahlt und erfasst.

Sachverhalt 8

Herr Stierle führt seit April 1999 einen Prozess mit einem Kunden. Nach Lage der Dinge muss er mit einem negativen Ausgang des Prozesses rechnen. Zum Bilanzstichtag rechnet er mit einem Streitwert des Prozesses in Höhe von 4 800,00 DM.

Sachverhalt 9

a) Die Prämie für die Betriebs-Versicherung für das Halbjahr 01.12.1999 bis 31.05.2000 in Höhe von 4 200,00 DM hatte Gerber am 01.12.1999 bei Bezahlung voll als Aufwand gebucht.

b) Für die gemieteten Büroräumlichkeiten ist die Miete in Höhe von jeweils 8 400,00 DM 1/4-jährlich im Voraus zu zahlen. Trotz zweimaliger Mahnungen hat Gerber die Miete für das letzte Quartal 1999 nicht überwiesen und auch nichts entsprechendes gebucht.

Sachverhalt 10

Der Angestellte Klein, der seinen Urlaub in den Alpen plante, erhielt von seinem Chef Anfang Dezember einen Gehaltsvorschuss in Höhe von 800,00 DM aus der Kasse, der buchhalterisch noch nicht erfasst wurde.

Zum 31.12.1999 hatte Buchhalter Gerber die Dezember-Gehälter der drei Angestellten noch nicht gebucht, da die Überweisung üblicherweise erst zu Beginn des darauf folgenden Monats erfolgt.

Die Gehaltsliste Dezember 1999 weist für diese Angestellten folgende Beträge aus:
- Gehälter   9 996,00 DM
- VWL 3 x 78,00 DM   234,00 DM
- LSt/KiSt/Soli   1 429,00 DM
- Sozialversicherung (AN-Anteil)   2 268,00 DM
- Verrechnung Vorschuss   800,00 DM

Der AG übernimmt die VWL.
Der AN-Anteil zur Sozialversicherung entspricht dem AG-Anteil.

Bilden Sie den Buchungssatz für

a) den Gehaltsvorschuss und
b) die Gehaltsabrechnung Dezember 1999.

Sachverhalt 11

Herr Stierle kaufte im Mai 1999 ein neues Faxgerät für sein Geschäft zu einem Messe-Sonderpreis von 650,00 DM zuzüglich USt, das er auf der Messe wegen Ausnutzung des 3 %igen Skontoabzugs sofort bar bezahlte.

Für den Transport, der am 28.05.1999 erfolgte, zahlte er bar 40,00 DM zuzüglich USt. Außerdem hat er für die Installation des Gerätes, die am 10.08.1999 durchgeführt wurde, nochmals 130,00 DM zuzüglich USt bar gezahlt. Der gesamte Vorgang wurde buchhalterisch noch nicht erfasst.

Herr Stierle möchte von der Bewertungsfreiheit nach § 6 (2) EStG Gebrauch machen. Üblicherweise wird diese Art von Faxgeräten in 5 Jahren abgeschrieben. Von der Sonderabschreibung nach dem Fördergebietsgesetz nimmt er in diesem Fall Abstand.

Sachverhalt 12

Herr Stierle hatte im August 1999 eine Lieferung der Einkaufs-GmbH Schwerin per Wechsel beglichen.

Der Wechsel konnte am Verfalltag vom Bezogenen, der Firma Kraut, Oldenburg, nicht eingelöst werden. Daraufhin erhielt Herr Stierle folgende Rückrechnung:

Wechselbetrag	4 000,00 DM
Protestkosten	100,00 DM
Zinsen (6 % für 12 Tage)	8,00 DM
1/3 % Provision	13,34 DM
	4 121,34 DM

Diese Rückrechnung hatte Herr Stierle bisher weder bezahlt noch gebucht.

Sachverhalt 13

Der PKW Mercedes C 180 des Herrn Stierle wurde bei einem Unfall am Freitag, dem 19. November 1999, schwer beschädigt und bei der Anschaffung eines neuen PKW BMW 525 i in Zahlung gegeben.

Den alten PKW Mercedes C 180 hatte Herr Stierle im Februar 1997 für 37 500,00 DM zuzüglich USt bei der Daimler Chrysler AG in Sindelfingen gekauft.

Das Fahrzeug wurde seit Anschaffungsbeginn höchstmöglich degressiv abgeschrieben, Nutzungsdauer 5 Jahre. Stierle hat in 1999 noch keine einzige Buchung vorgenommen. Für die beim Unfall eingetretene Wertminderung erstattete die Versicherung des Unfallgegners 8 000,00 DM. Dieser Betrag ging Ende Dezember 1999 auf dem privaten Bankkonto des Stierle ein.

Der Wagen hatte noch einen Schrottwert von 2 320,00 DM einschließlich USt, die ihm sein BMW-Händler beim Kauf des neuen BMW 525 i am 12.12.1999 anrechnete. Die Rechnung des neuen BMW 525 i lautete:

PKW BMW 525 i		73 000,00 DM
./. 10 % Rabatt		7 300,00 DM
		65 700,00 DM
Radio einschließlich Einbau		3 200,00 DM
Autotelefon einschließlich Einbau		3 600,00 DM
Zulassung		124,00 DM
Tankfüllung		112,00 DM
		72 736,00 DM
+ 16 % USt		11 637,76 DM
		84 373,76 DM
./. Gutschrift netto	2 000,00	
+ 16 % USt	320,00	2 320,00 DM
Rechnungsbetrag		82 053,76 DM

Herr Stierle hat den ausstehenden Rechnungsbetrag wie folgt gezahlt:

- 17 000,00 DM von seinem privaten Bankkonto
- den Restbetrag von seinem Geschäftskonto

Der BMW 525 i hat eine Nutzungsdauer von 5 Jahren und ist ausdrücklich linear abzuschreiben. Auch hier erfolgte bisher noch keine Buchung.

Der BMW wird ausschließlich betrieblich genutzt.

Sachverhalt 14

Buchhalter Gerber hat noch folgende Werteverzehre für das Jahr 1999 zu berücksichtigen:

Geschäftsbauten alt (ohne Gebäude aus Tz 1)	16 500,00 DM
LKW	20 000,00 DM
Geschäftsausstattung	12 000,00 DM

Fall 2

Aufgabe 1

Die Firma Holzhandel August & Co aus Fellbach mietete am 01.11.1998 einen PC für monatlich 600,00 DM. Die Mieten sind halbjährlich im Voraus zu zahlen.

Die erste Rechnung erhielt die Holzhandlung am 02.11.1998:

PC-Miete 01.11.1998 – 30.04.1999	3 600,00 DM
+ 16 % MWSt	576,00 DM
	4 176,00 DM

Der Buchhalter der Holzhandlung überweist den Rechnungsbetrag am 16.01.1999.

Wie ist der Vorgang in 1998 und in 1999 zu buchen, wenn der Gewinn nach § 5 EStG ermittelt wird

   a) beim Holzhändler und   b) beim PC-Vermieter?

Aufgabe 2

a) Der Feinkosthändler Käfer in München hat im November 1999 aus Frankreich eine Ladung französischen Rotwein bezogen. Die beiliegende Rechnung des französischen Lieferanten lautet über insgesamt 210 000,00 FF. Zum Zeitpunkt der Lieferung ergibt sich ein Kurs für 1 FF = 0,30 DM.

Am 31.12.1999 wurde der amtliche Schlusskurs für 1 FF mit 0,34 DM notiert. Die auf FF lautende Rechnung wurde erst am 31.03.2000 bezahlt. Zu diesem Zeitpunkt wurde 1 FF mit 0,325 DM gehandelt.

- Bewerten Sie die Verbindlichkeiten zum Zeitpunkt der Entstehung und zum Bilanzstichtag 31.12.1999.
- Begründen Sie Ihre Wertansätze.
- Bilden Sie die entsprechenden Buchungssätze.

b) In den Forderung L + L des Früchte-Großhändlers Salzer in Hamburg befindet sich eine Valutaforderung in US$ 30 000,00 aus April 1999 (bewertet zum Kurs 1 US$ = 1,70 DM).
Der amtliche Kurs des Dollars sank per 31.12.1999 auf 1,60 DM.
Der zuständige Buchhalter konnte keine Entscheidung treffen.

- Bewerten Sie die Forderungen zum Zeitpunkt der Entstehung und zum Bilanzstichtag 31.12.1999.
- Begründen Sie Ihre Wertansätze.
- Bilden Sie die entsprechenden Buchungssätze.

Fall 3

Aufgabe 1

Die Unternehmerin, Frau Ulla Ullmann, hat anlässlich eines Geschäftsessens einen Beleg über 600,00 DM zuzüglich USt an ihren Buchhalter zur Bearbeitung weitergeleitet. Nach erfolgter Durchsicht können nur 400,00 DM als angemessen und nachgewiesen unzweifelhaft anerkannt werden.

a) Ermitteln Sie die relevanten Beträge in einer übersichtlichen Darstellung.

b) Bilden Sie die Buchungssätze.

Aufgabe 2

Ein PKW, der zum Betriebsvermögen zählt, Anschaffungskosten 39 655,17 DM zuzüglich USt (16 %), Listenpreis entspricht dem Kaufpreis, wird von einem Prokuristen unter anderem auch für private Fahrten genutzt. Laut Fahrtenbuch ergeben sich für den Monat 08/1999 Privatfahrten von 2 000 km. Aus der Lohnbuchhaltung erhalten Sie die wichtigsten Daten des Prokuristen für den Monat 08/1999:

Bruttolohn 4 800,00 DM
Bei der Berechnung der Abzüge zur Sozialversicherungen (RV, KV, PV, AV) sind die AG = AN-Anteile mit je 20 % der Bemessungsgrundlage anzusetzen und
bei der Berechnung der LSt/KiSt/Soli ist entsprechend mit 22 % der Bemessungsgrundlage zu rechnen.

a) Ermitteln Sie die wichtigen Beträge in einer übersichtlichen Darstellung und

b) bilden Sie die Buchungssätze nach der Bruttomethode in Verbindung mit der 1 %-Methode.

Aufgabe 3

Der Abteilungsleiter der Firma Russi GmbH, Potsdam, musste in 1999 für 6 Monate nach Bielefeld, um dort eine neue Niederlassung aufzubauen. Arbeitsbedingt bezog er für diesen Zeitraum eine Wohnung in Bielefeld, die ihm sein Arbeitgeber für monatlich 300,00 DM verbilligt überließ. Die ortsübliche Monatsmiete hätte für diese Wohnung 800,00 DM betragen.

Sein Monats-Bruttogehalt betrug während dieser Zeit 3 800,00 DM, der Arbeitnehmeranteil an den Sozialversicherungsbeiträgen (RV, KV, AV, PV) soll hiermit 18 %, die Lohn/KiSt/Soli mit 20 % der Bemessungsgrundlage gerechnet werden.

Berechnen Sie in übersichtlicher Darstellung:

a) Die Bemessungsgrundlage für die Lohn/KiSt/Soli und Sozialversicherungsbeiträge,
b) den Auszahlungsbetrag und
c) nehmen Sie die entsprechenden Buchungen nach der Bruttomethode vor.

Aufgabe 4

Am 01.10.1999 wurde die Kfz-Steuer in Höhe von 984,00 DM per Bank für ein Jahr im Voraus überwiesen.

Buchen Sie den Geschäftsfall zeitnah   a) 1999 und   b) in 2000.

Aufgabe 5

Eine Unternehmerin kauft bei der Firma Kiefer im Harzort Oland am 16.06.1999 für 1 200,00 DM zuzüglich USt eine Schreibtischkombination (betriebsgewöhnliche Nutzungsdauer 10 Jahre) auf Ziel. Die Lieferung erfolgte am 30.07.1999 durch einen Spediteur, der für Fracht 19,50 DM zuzüglich USt berechnete. Der Betrag wurde bar bezahlt.

Am 10.08.1999 wird beim Aufbau die Furnierung beschädigt, wofür die Unternehmerin eine Gutschrift über 420,50 DM zuzüglich USt vom Möbellieferanten erhält. Der ausstehende Rechnungsbetrag wird am 10.10.1999 per Bank überwiesen.

Bislang wurden gebucht:

am 16.06.1999	BGA	1 200,00 DM	
	Vorsteuer	192,00 DM	
	an Verb. L+L		1 392,00 DM
am 30.07.1999	Sonst. betr. Aufw.	19,50 DM	
	VorSt	3,12 DM	
	an Kasse		22,62 DM

Weitere Buchungen wurden nicht vorgenommen.

Bilden Sie die Buchungssätze.

Aufgabe 6

Der Gastwirt Gustav Göser aus Dortmund erhält von der Dortmunder Brauerei 10 Kasten Bier zu je 13,92 DM einschließlich USt; zusätzlich wird ihm ein Pfand pro Kiste von 5,00 DM + USt in Rechnung gestellt.

Bilden Sie die Buchungssätze

a) bei der Dortmunder Brauerei und

b) bei Gustav Göser.

Aufgabe 7

Die Buchhalterin einer GmbH hat ein monatliches Bruttogehalt von 4 000,00 DM. Die entsprechende Lohn/KiSt/Soli ist mit 25 % der Bemessungsgrundlage, die entsprechenden Sozialversicherungsbeiträge mit jeweils 20 % der Bemessungsgrundlage zu rechnen. Zusätzlich zu obigem Gehalt übernimmt der Arbeitgeber die Vermögenswirksamen Leistungen von monatlich 78,00 DM.

a) Ermitteln Sie in übersichtlicher Darstellung den Auszahlungsbetrag.

b) Bilden Sie die Buchungssätze.

Fall 4

Aufgabe 1

Die Montagefirma Blech KG aus Wuppertal kauft eine Fräsmaschine im Wert von 120 000,00 DM zuzüglich USt. Am 01.07.1999 leistet die GmbH eine Anzahlung per Bank über 30 000,00 DM und am 01.08.1999 eine weitere Anzahlung ebenfalls per Bank über 8 000,00 DM. In beiden Fällen erstellte der Hersteller eine Teilzahlungsrechnung.

Die Maschine wurde am 01.09.1999 ausgeliefert und eine entsprechende Schlussrechnung erstellt.

Erstellen Sie in chronologischer Reihenfolge die entsprechenden Buchungen

a) beim Lieferer   b) beim Empfänger.

Aufgabe 2

Am 18.10.1999 hat die Mauser GmbH Göttingen 17 Aktien der Bayerischen Vereinsbank zum Kurs von je 620,00 DM (Nom. 50,00 DM) über die Stadt-sparkasse Hannover verkauft. An Nebenkosten sind entstanden:

  0,8 % Courtage vom Kurswert und   1,0 % Provision vom Kurswert

Die obigen Wertpapiere waren im Umlaufvermögen der GmbH aktiviert. Die Anschaffungskosten am 10.01.1999 betrugen insgesamt 12 800,00 DM.

a)   Berechnen Sie den Gutschriftsbetrag.

b)   Bilden Sie die Buchungssätze.

Aufgabe 3

Ein Monteur hat im November 1998 im Potsdamer Hotel Kaiser Reparaturen im Wert von 20 000,00 DM zuzüglich USt ausgeführt. In der Bilanz 1999 ist dieser Betrag in den Forderungen L + L in voller Höhe enthalten. Im August 1999 erfährt er, dass das Hotel abgerissen wird und er mit einem Forderungsausfall von 30 % rechnen muss. Am 11.11.1999 wird offensichtlich, dass der tatsächliche Ausfall mit 40 % endgültig feststeht.

Buchen Sie in einzelnen chronologischen Schritten die Vorgänge nach der direkten Methode beim Monteur in 1998 und 1999.

Aufgabe 4

Ein mit Töpfen handelnder Einzelhändler aus Ochsenfurt leistete in 1999 Gewerbesteuervorauszahlung in Höhe von jeweils 1 500,00 DM zu den entsprechenden Fälligkeitsterminen. Bedingt durch das gute Weihnachtsgeschäft in 1999 muss mit einem weiteren Gewerbesteueraufwand von 2 500,00 DM gerechnet werden. Am 08.02.2000 erhält er den endgültigen Gewerbesteuerbescheid über 1 800,00 DM.

Erstellen Sie alle notwendigen Buchungen in 1999 und 2000.

Aufgabe 5

Ein am 11.03.1995 gekaufter Baukran für 180 000,00 DM (Anschaffungskosten) hat eine Nutzungsdauer von 8 Jahren. Die Voraussetzungen für die Inanspruchnahme der Sonder-AfA nach § 7 g EStG sind erfüllt und wurden von dem Steuerpflichtigen wie folgt auf den fünfjährigen Begünstigungszeitraum verteilt:

Jahr	Prozent	
1995	2,0 %	von AK
1996	0,0 %	von AK
1997	5,0 %	von AK
1998	3,0 %	von AK
1999	10,0 %	von AK
	20,0 %	

Der Baukran wurde degressiv abgeschrieben.

Ermitteln Sie anhand obiger Daten die jeweiligen jährlichen AfA-Beträge in einer übersichtlichen Aufstellung unter Berücksichtigung des geringsten Gewinnes.

Aufgabe 6

Sind die nachfolgenden Tatbestände a) bis h)

        gewinnerhöhend?

        gewinnmindernd?

        erfolgsneutral?

a) Die Nutzung des betrieblichen PKWs durch den Geschäftsinhaber selbst für Fahrten zwischen Wohnung und seiner Betriebsstätte
Kosten ./ km = 0,80 DM

b) Warendiebstahl

c) Überweisung der Vermögenswirksamen Leistungen durch den Arbeitgeber, wobei der Arbeitnehmer zu 100 % die VWL-Beiträge trägt

d) Überweisung eines Gehaltsvorschusses an den Arbeitnehmer

e) Überweisung der Umsatzsteuerzahllast

g) Monatliche Privatentnahmen der Ehefrau ohne Wissen des Geschäftsinhabers

g) Kauf von Büromaterial

h) Buchung des Eigenverbrauchs bei Warenentnahme

Aufgabe 7

Bei der Gewinnermittlung nach § 4 Abs. 1 EStG hat der Steuerfachangestellte bei drei Mandanten jeweils den Gewinn zu ermitteln, wobei die unten stehenden Daten zu benutzen sind:

Fall 1	Betriebsvermögen 31.12.1998	./. 30 000,00 DM
	Betriebsvermögen 31.12.1999	./. 20 000,00 DM
	Privateinlage 1999	40 000,00 DM
	Privatentnahmen 1999	50 000,00 DM

Fall 2	Betriebsvermögen 31.12.1999	./. 10 000,00 DM
	Betriebsvermögen 31.12.1998	+ 70 000,00 DM
	Privatentnahme	80 000,00 DM

Fall 3	Betriebsvermögen 31.12.1998	./. 80 000,00 DM
	Betriebsvermögen 31.12.1999	+ 50 000,00 DM
	Privateinlagen	10 000,00 DM
	Privatentnahmen	30 000,00 DM

Aufgabe 8

Bei einem Unternehmer, der seinen Gewinn nach § 5 EStG ermittelt, ergeben sich für den Zeitraum vom 01.11. bis 30.11.1999 auf den unten genannten Konten folgende Umsätze:

1. USt-Konto:

Summe der Sollumsätze	10 581,10 DM
Summe der Habenumsätze	11 111,11 DM

2. Vorsteuer-Konto

Summe der Sollumsätze	420,16 DM
Summe der Habenumsätze	10,80 DM

3. USt-VA

Summe der Sollumsätze	0,00 DM
Summe der Habenumsätze	0,00 DM

Die Umsatzsteuervorauszahlung wird termingerecht am Fälligkeitstag, dem 10.12.1999, an das zuständige Finanzamt überwiesen.

a) Schließen Sie die obigen Konten ab und

b) bilden Sie die entsprechenden Buchungssätze.

Fall 5

Der steuerpflichtige Siegfried Scheibe betreibt in Chemnitz einen kleinen Montagebetrieb. Der Gewinn wird nach § 4 Abs. 3 EStG ermittelt. Die Umsätze werden nach vereinnahmten Entgelten versteuert. Bisher wurden für das Wirtschaftsjahr 1999 von seinen beiden Hilfsbuchhaltern, Herrn Blauer und Frau Rost, folgende Zahlen ermittelt:

        BE   109 355,00 DM
        BA   78 696,00 DM

Der steuerpflichtige Scheibe bittet Sie, die folgenden Sachverhalte bei der Gewinnermittlung 1999 noch zu berücksichtigen, wobei steuerliche Vorteile soweit wie möglich genutzt werden sollten.

a) Eine Kundenforderung von 742,40 DM wird uneinbringlich; sie wurde deshalb von Herrn Blauer in Höhe des Entgeltes als BA erfasst.

b) Im Kalenderjahr wurden vierteljährliche Gewerbesteuervorauszahlungen von jeweils 300,00 DM als BA erfasst. Frau Rost rechnet mit einer Erstattung der Gewerbesteuer aus 1998 in Höhe von 750,00 DM, die sie als BE erfasste, obwohl der entsprechende Gewerbesteuerbescheid noch nicht vorliegt.

c) Auf einer Baustelle in Schönebeck wurde Herrn Scheibe eine nagelneue Bohrmaschine aus der Baubude gestohlen. Aus Kostengründen wurde keine Baustellendiebstahlversicherung abgeschlossen. Frau Rost hat deshalb die ursprünglichen Anschaffungskosten in Höhe von 760,00 DM (GWG) als BA erfasst.

d) Am 01.10.1999 wurden die LKW-Versicherung in Höhe von 3 000,00 DM und die entsprechende Baukranversicherung in Höhe von 1 200,00 DM für die kommenden 6 Monate bezahlt. Herr Blauer hat beide Beträge abgegrenzt und entsprechend als BA erfasst.

e) Für eine am 16.12.1999 zu liefernde Ladung von Eisenträgern einschließlich USt von 47 160,00 DM hat Herr Scheibe eine vertragsgemäße Anzahlung von 4 000,00 DM (es liegt keine Rechnung vor) am 13.11.1999 geleistet. Frau Rost hat den Betrag von 41 000,00 DM als BA am 08.12.1999 erfasst.

f) Herr Scheibe hat am 01.09.1999 ein Darlehen in Höhe von 40 000,00 DM zu folgenden Konditionen aufgenommen:

Disagio	10 %,
Zinssatz	8 %,
Tilgung	4 %,

Laufzeit der Zinsbindung 5 Jahre.
Zinszahlung vierteljährlich nachträglich.

g) In den BA sind folgende Beträge für den betrieblichen PKW, der zu 30 % privat genutzt wird, enthalten:

Kfz-Steuer	300,00 DM
Kfz-Haftpflicht	800,00 DM
AfA (mit Vorsteuerabzug)	2 000,00 DM
Sonstige Aufwendungen	5 600,00 DM

Die private Nutzung wurde von Frau Rost bereits monatlich mit 100,00 DM als BA zusätzlich zu den obigen Beträgen erfasst.

h) Am Jahresende stellte Herr Scheibe fest, dass eine Partie von Kupferblechen unbrauchbar geworden war. Herr Blauer hat deshalb den festgestellten Wert von 3 500,00 DM entsprechend aus den BA herausgenommen.

i) Der Bruder von Herrn Scheibe, Herr Jacob Scheibe, wurde als stiller Teilhaber mit 30 000,00 DM aufgenommen. Seine gezahlte Einlage ist in den BE enthalten.

j) Herr Scheibe hat eine am 01.01.1999 erworbene Montage-Lizenz (Anschaffungswert 10 000,00 DM) am 30.05.1999 für 16 000,00 DM weiterveräußert. Den Spekulationsgewinn hat Frau Rost als BE erfasst.

Ermitteln Sie den Gewinn gemäß der nachstehenden Tabelle:

Lfd. Tz	Bemerkungen	BA +	./.	BE ./.	+
1		78 696,00			109 355,00
2					
usw.					

Lösungen

Betriebliche Steuerlehre

Teil 1: Abgabenordnung

Fall 1

§ 18 Abs. 1 AO Verwaltungsfinanzamt – FA Frankfurt.

Fall 2

§ 19 AO Wohnsitzfinanzamt – Stuttgart.

Fall 3

Nach § 43 AO bestimmen die Einzelgesetze darüber. Gemäß § 1 EStG ist Erna unbeschränkt ESt-pflichtig. Erna ist somit auch steuerlich rechtsfähig. Sie ist jedoch nach BGB bzw. § 79 AO nicht handlungsfähig, das heißt, sie wird grundsätzlich von ihren Eltern gemeinschaftlich vertreten.

Fall 4

Steuerlich handlungsfähig ist, wer nach BGB geschäftsfähig ist. Uwe besitzt nicht die volle Geschäftsfähigkeit, also ist er nicht unbeschränkt handlungsfähig. Allerdings wird in der Finanzamtpraxis der LStJA als wirksam angesehen.

Fall 5

Susi ist nicht handlungsfähig. Gemäß § 1778 (3) BGB ist der Gatte (bzw. im Ausnahmefall die Eltern) Vormund.

Fall 6

§ 355 AO: Einen Monat nach Bekanntgabe. Die Bekanntgabe erfolgt gemäß § 122 (2) AO drei Tage nach der Aufgabe zur Post. Daraus folgt: Ende der Rechtsbehelfsfrist: 05.11.1998

Fall 7

Berechnung der Frist § 108 AO in Verbindung mit § 193 BGB: .... auf einen Samstag, so tritt an die Stelle eines solchen Tages der nächste Werktag – hier also Montag.

Fall 8

§ 122 (2) ... „außer wenn er zu einem späteren Zeitpunkt zugegangen ist" 12.07. 0 Uhr.

Fall 9

Junger hat die Frist schuldhaft versäumt, deshalb besteht keine Einspruchsfrist mehr.

Fall 10

Nein, Steuerfestsetzung ist nur durch Bescheid möglich (§ 155 AO), Mindestvorschrift des § 157 AO ist nicht erfüllt, der Steuerbescheid ist nichtig.

Fall 11

Ja, Ersatzzustellung gemäß § 11 VwZG (Verwaltungszustellungsgesetz) bedeutet, dass der Bescheid zugegangen ist.

Fall 12

Es ist völlig gleichgültig, wie hoch Vermögen bzw. Gewinn sind. Ein Freiberufler ist niemals buchführungspflichtig.

Fall 13

§ 170 (2) AO: Beginn am 01.01.1994 um 0 Uhr, Ende bei Beginn einer Außenprüfung vor Ende der regulären Festsetzungsfrist (= 31.12.1997, 24 Uhr) oder wenn die aufgrund der Außenprüfung zu erlassenden Steuerbescheide unanfechtbar geworden sind (oder drei Monate nach Bekanntgabe der Mitteilung, dass die Außenprüfung zu keinen Ergebnis geführt hat).

Fall 14

Öffentliches Recht.

Fall 15

§ 38 AO: Die Ansprüche aus dem Steuerschuldverhältnis entstehen, sobald der Tatbestand verwirklicht ist, an den das Gesetz die Leistungspflicht knüpft.

Fall 16

§ 368 (2) AO – FG (FGO: Nächsthöhere Instanz)

Fall 17

§ 164 (4) AO: Es gilt die normale Festsetzungsfrist, Ende 31.12.1997, 24 Uhr.

Fall 18

§ 240 AO:	ESt 5 x	45,00 DM	225,00 DM	
	LSt 2 x	63,00 DM	126,00 DM	
	USt 2 x	37,00 DM	74,00 DM	425,00 DM

Fall 19

Ende der Rechtsbehelfsfrist: 02.01.1998, Wiedereinsetzung in den vorigen Stand ist nur möglich, wenn die Frist unverschuldet versäumt wurde. Durch seine Urlaubsreise hat er die Frist zwar versäumt, aber die Wiedereinsetzung in den vorigen Stand ist möglich, weil das Versäumnis von einer Privatperson nicht unbedingt abgewendet werden kann.

Fall 20

Direkte Steuern: Steuerträger = Steuerschuldner,
zum Beispiel ESt, KSt, VSt (Nachzahlungen)

Indirekte Steuern: Steuerträger ist nicht identisch mit dem Steuerschuldner,
zum Beispiel Tabaksteuer, Mineralölsteuer, Biersteuer

Fall 21

Bestandskraft bedeutet die Unanfechtbarkeit eines Verwaltungsakts durch Rechtsbehelfsverzicht und Ablauf der Rechtsbehelfsfrist.

Fall 22

Festsetzungsverjährung und Zahlungsverjährung.

Fall 23

Erlass (§ 227 AO) ist ein Verwaltungsakt, durch den der Steueranspruch erlischt. Niederschlagung ist eine innerdienstliche Entscheidung, den Steueranspruch zunächst nicht geltend zu machen. Der Steueranspruch erlischt dadurch nicht.

Fall 24

- Niedrigere Festsetzung aus Billigkeitsgründen § 163 AO
- Erlass § 227 AO
- Festsetzungsverjährung § 169 ff AO
- Zahlungsverjährung § 228 ff AO

Fall 25

Außergerichtliche Rechtsbehelfe

Förmlicher Rechtsbehelf	Formlose Rechtsbehelfe
Einspruch § 348 AO	- Gegendarstellung
richtet sich gegen den	- Sachaufsichtsbeschwerde
Verwaltungsakt	- Dienstaufsichtsbeschwerde
	richten sich gegen jedes
	Verhalten der Behörde

Fall 26

Ja, gemäß § 45 (2) AO in Verbindung mit § 1922 BGB (so genannte Fußstapfentheorie)

Fall 27

An den Erben, Robert Kahl

Fall 28

Zwei Möglichkeiten: a) Änderung gemäß § 172 AO
b) Rechtsbehelfsverfahren § 348 AO

Fall 29

Selbstanzeige gemäß § 371 AO.

Voraussetzungen: Zum Zeitpunkt der Selbstanzeige darf:

1. die Tat dem Finanzamt noch nicht bekannt sein oder

2. das Strafverfahren noch nicht eingeleitet worden sein und

3. der Steuerpflichtige muss innerhalb einer angemessenen Frist die hinterzogene Steuer nachzahlen.

Fall 30

Aufgabe 1

a) Die OHG ist nach dem HGB Kaufmann (früher Vollkaufmann) und damit nach § 140 AO auch steuerrechtlich zur Buchführung verpflichtet.

b) Es besteht keine Buchführungspflicht, da unter die Bestimmungen des § 141 AO keine selbständigen Tätigkeiten im Simme des § 18 EStG fallen. § 140 trifft ebenfalls nicht zu.

c) Keine originäre Buchführungspflicht nach § 141 AO, da keine der Voraussetzungen zutrifft.

Aufgabe 2

Das Finanzamt kann diesen ursprünglich rechtmäßigen begünstigenden Verwaltungsakt nach § 131 II Nr. 3 AO widerrufen (bei Berücksichtigung der nachträglich eingetretener Tatsachen wäre Verwaltungsakt von Beginn an nicht erlassen worden).

Aufgabe 3

a) Säumniszuschlag, § 240 AO

b) fünf angefangene Monate = 5 x 1 % = 5 % von 5 300,00 DM = 265,00 DM

Aufgabe 4

Der Steuerschuldner ist die Person, die den Tatbestand verwirklicht, an den das Gesetz die Leistungspflicht knüpft (= Steuerschuldner). Demgegenüber ist Steuerträger derjenige, der die Steuer wirtschaftlich trägt. Bei der Umsatzsteuer ist der Unternehmer, der die steuerbare Lieferung tätigt, der Steuerschuldner gegenüber dem Finanzamt, während der Käufer mit dem Kaufpreis auch die enthaltene Umsatzsteuer zahlt, sie also wirtschaftlich trägt.

Aufgabe 5

a) Aufgabe zur Post   Freitag,   13.08.2000
   Bekanntgabe des Bescheides   Montag,   16.08.2000
   Beginn der Einspruchsfrist   Montag,   16.08.2000, 24 Uhr
                                   (Dienstag,   17.08.2000, 0 Uhr)
   Ende der Einspruchsfrist   Freitag,   17.09.2000, 24 Uhr

b) Aufgabe zur Post   Donnerstag, 20.01.2000
   Bekanntgabe des Bescheides   Sonntag,   23.01.2000
   Beginn der Einspruchsfrist   Sonntag,   23.01.2000, 24 Uhr
   Ende der Einspruchsfrist   Mittwoch,   23.02.2000, 24 Uhr

c) Der Einspruch ist zulässig, da die vorgeschriebene Schriftform gewahrt wurde. Die unrichtige Bezeichnung des Einspruchs schadet ebenso wenig (§ 357 I 2 AO) der Zulässigkeit wie das Fehlen der Unterschrift, da sich aus der Anschrift des Köhler die Person, die den Behelf einlegte, ergibt.

Fall 31

Aufgabe 1

a) § 18 (1) UStG grundsätzlich bis zum 10. Tag nach Ablauf des Voranmeldungszeitraums, hier also 10.07.1999.

Da Dauerfristverlängerung vorliegt, Verschiebung nach § 46 UStDV um einen Monat, hier also 10.08.1999.

Unter Berücksichtigung der Regelung gemäß § 240 (3) AO weiterer Aufschub um 5 Tage, hier also 15.08.1999 = ein Sonntag, die gesetzliche Frist verlängert sich gemäß § 108 (3) AO auf den nachfolgenden Werktag, also Montag, den 16.08.1999, 24.00 Uhr.

b) Voraussetzungen für Dauerfristverlängerung (bei Monatszahler):

gemäß § 46 UStDV, Antrag des Unternehmers.

gemäß § 47 UStDV Leistung einer Sondervorauszahlung, die 1/11 der Summe aller Vorauszahlungen der Voranmeldungszeiträume für das vorangegangene Kalenderjahr beträgt.

Aufgabe 2

Bekanntgabe gemäß § 122 AO, 3. Tag nach Aufgabe zur Post

Bekanntgabefiktion + 3 Tage 01.04.1999

Beginn gemäß § 187 BGB der Rechtsbehelfsfrist mit Ablauf 01.04.1999, 24.00 Uhr

Dauer gemäß § 355 AO = 1 Monat

Ende gemäß § 188 BGB = 01.05.1999, 24.00 Uhr Feiertag

Laut § 108 (3) AO Ende der Rechtsbehelfsfrist am folgenden Werktag = 03.05.1999, 24.00 Uhr.

Betriebliche Steuerlehre

Teil 2: Einkommensteuer

Fall 1

1. Die Eheleute Reichert sind unbeschränkt einkommensteuerpflichtig, weil sie ihren Wohnsitz im Inland haben (§ 1 Abs. 1 EStG). Entsprechend ihrer Wahl erfolgt für 1999 Zusammenveranlagung.

			DM
2.	Einkünfte des Ingo Reichert		
2.1	Einkünfte aus Gewerbebetrieb (§ 15 EStG) Vorläufiger Gewinn aus Werkzeugfirma		62 446,00
2.1.1	Notwendige MGK und FGK sind aktivierungspflichtig, vergleiche R 33 Abs. 1, 2 EStR	+	6 425,00
2.1.2	Entnahme Computer zum Teilwert, vergleiche § 6 (1) Nr. 4 EStG; USt durchlaufender Posten	+	750,00
2.1.3	Strenges NWP für Wertansatz Aktien, da UV. Vergleiche § 253 (3) HGB i.V. mit § 5 (1) und § 6 (1) Nr. 2 EStG Wertansatz Aktien: 10 108,00 DM (zum 31.12.1999)	./.	1 264,00
2.1.4	Direkte Abschreibung auf PKW, vergleiche § 7 (2) EStG 30 % von 45 900,00 = 13 770,00 7 g -Abschreibung auf neuen PKW, da Voraussetzung erfüllt; 20 % von 45 900,00 = 9 180,00 Mehr-AfA: 21 250,00 ./. 8 500,00	./.	22 950,00
			45 407,00
2.1.5	Einlage zum Teilwert (600,00), maximal zu den fortgef. AK (680,00); da GWG, Abschreibung auf 0,00 DM möglich; vergleiche § 6 (1) Nr. 5 a EStG in Verbindung mit § 6 (2) EStG: 600,00 ./. 60,00	./.	540,00
2.1.6	Einlage bei wesentlicher Beteiligung im Sinne von § 17 EStG zum TW, maximal zu den AK (Dreijahresfrist irrelevant); somit steuerlicher Aufwand nur 10 000,00 (statt 30 000,00)	+	20 000,00
	Berechtigter Steuerbilanz Gewinn		64 867,00

2.2. Einkünfte aus Vermietung und Verpachtung (§ 21 EStG) DM

2.3 Dreifamilienhaus:

Mieteinnahmen für eigene Wohnung	0,00
Mieteinnahmen für Wohnung 1. Obergeschoss	8 640,00
Mieteinnahmen für Wohnung 2. Obergeschoss	21 600,00
Einnahmen insgesamt	30 240,00

./. Werbungskosten

	eigene Wohnung (§ 10 e)	1. Obergeschoss (zu 40 %)	2. Obergeschoss (voll):		
Zinsen	0,00	2 400,00	6 000,00		
Renovierungskosten	0,00	5 704,00	18 750,00		
Abschreibung: 2 % von je 200 000,00	0,00	1 600,00	4 000,00		
sonstige Werbungskosten	0,00	724,00	1 810,00	./.	40 988,00

insgesamt (Dreifamilienhaus)	./.	10 748,00
Mietshaus (Erbengemeinschaft)	+	28 854,00
insgesamt (Dreifamilienhaus und Mietshaus)	+	18 106,00

3. Einkünfte der Marianne Reichert

3.1 u. 3.3 Einkünfte aus Kapitalvermögen (§ 20 EStG)

Ausgezahlter Betrag auf Grund GmbH-Beteiligung		8 246,00
+ KapErtrSt (25 %)	+	2 800,00
+ SolZ (5,5 %)	+	154,00
Bardividende		11 200,00
+ KSt (3/7 von 11 200,00)	+	4 800,00
Einnahmen aus GmbH-Beteiligung		16 000,00
Gewinnanteil auf Grund Beteiligung als typisch stille Gesellschafterin		
Ausgezahlter Betrag		7 362,50
+ KapErtrSt (25 %)	+	2 500,00
+ SolZ (7,5 %)	+	137,50
Einnahmen		10 000,00

			DM
	Einnahmen aus Kapitalvermögen insgesamt		26 000,00
	- WKP, vergleiche § 9 a (1) Nr. 1 b EStG	./.	200,00
	- Sparerfreibeträge vergleiche § 20 (4) EStG	./.	12 000,00
	insgesamt		13 800,00

3.2 Einkünfte aus Gewerbebetrieb (§ 15 EStG)
Verlust auf Grund Beteiligung als atypisch
stille Gesellschafterin ./. 5 450,00

4. Sonderausgaben

Vorsorgeaufwendungen 10 940,00
(ohne Teilkaskoversicherung) ./. 10 940,00

Vorwegabzug von   12 000,00 → 10 940,00

übrige Sonderausgaben:
KiSt-Vorauszahlung   4 450,00
+ KiSt-Nachzahlung   200,00 ./. 4 650,00

Spenden für wissenschaftliche Zwecke	6 000,00		
Erhöhungsbetrag: 5 % von 87 603,00	4 381,00	./.-	4 381,00
verbleiben	1 619,00		
+ Spenden für gemeinnützige Zwecke	3 500,00		
insgesamt	5 119,00	./.	4 381,00

Spenden für politische Parteien	7 500,00		
verbraucht nach § 34 g EStG	6 000,00		
(verrechenbar mit der ESt 3 000,00)			
verbleiben	1 500,00	./.	1 500,00
	(abziehbar.nach § 10 b (2) EStG)		

Abzugsbetrag nach § 10 e EStG
(Wohnung für eigene Zwecke)
anteilige AK: Gebäude   200 000,00
anteilige AK: Grund und Boden x ½   40 945,00
insgesamt   240 945,00
(davon 5 %) ./. 12 048,00
(8 Jahre)
37 900,00

DM

5. Außergewöhnliche Belastung

Nach § 33 a (1) EStG - Unterhalt Mutter
maximaler Pauschbetrag   13 020,00
Aufwand für Mutter 950,00 x 12   11 400,00

Eigene Einkünfte und Bezüge (Mutter)
Renteneinnahmen   10 800,00
- WKP, vergl. § 9 a (1)
Nr. 1b EStG   200,00
- Kostenpauschale   360,00

verbleiben   10 240,00

Höchstgrenze der eigenen
Einkünfte und Bezüge   1 200,00
übersteigender Betrag   9 040,00

anzurechnender Betrag:
13 020,00 ./. 9 040,00   ./.   3 980,00

Nach § 33 a (2) EStG
Ausbildungsfreibetrag für Sohn Rolf
Über 18 Jahre, auswärts untergebracht,
Anspruch auf Kindergeld;
eigene Einkünfte und Bezüge: 2 800,00;
nicht größer als 3 600,00   ./.   4 200,00

Nach § 33 b EStG
Pauschbetrag für Körperbehinderte (Sohn Jens)   ./.   7 200,00

6. Ermittlung des zu versteuernden Einkommens

	Tz	Ehemann	Ehefrau
Einkünfte aus			
- Gewerbebetrieb	2.1.6 / 3.2	64 867,00	./. 5 450,00
- Kapitalvermögen	3.1 / 3.3	0,00	13 800,00
- Vermietung und Verpachtung	2.2 / 2.3	18 106,00	0,00
Summe der Einkünfte		**82 973,00**	**8 350,00**
./. Altersentlastungsbetrag (§ 24 a EStG)		3 720,00	0,00
Gesamtbetrag der Einkünfte		**79 253,00**	**8 350,00**
		8 350,00	
		87 603,00	

	DM
Übertrag:	87 603,00
./. Sonderausgaben	37 900,00
./. a g B (einschließlich PB für Behinderte	15 380,00
Einkommen bzw. **Zu versteuerndes Einkommen**	**34 323,00**

Ermittlung der Steuerabzugsbeträge:

	DM
Anrechenbare KSt	4 800,00
Anrechenbare KapErtrSt	5 300,00
Anrechenbarer SolZ	291,50
insgesamt	10 391,50
zuzüglich nach § 34 g EStG	3 000,00
zuzüglich nach § 34 f EStG (2 x 750,00)	1 500,00
mit der ESt 1999 verrechenbar	**14 891,50**

Verständnisfragen

1.1 Bei der vereinfachten Gewinnermittlung nach § 4 (3) EStG werden die Betriebseinnahmen (BE) den Betriebsausgaben (BA) gegenübergestellt, nicht aber die Erträge den Aufwendungen wie beim Betriebsvermögensvergleich.

Die wirtschaftliche Zurechenbarkeit ist hier grundsätzlich bedeutungslos. Deshalb entfällt bei der vereinfachten Gewinnermittlung die doppelte Buchführung. Es besteht lediglich eine Aufzeichnungspflicht, zum Beispiel für abnutzbare Anlagegüter wegen der Abschreibung, für Betriebseinnahmen wegen einer zutreffenden Gewinnermittlung.

Somit ist diese Gewinnermittlungsart für den Steuerpflichtigen einfacher und billiger.

Bei der Überschussrechnung wirken sich die erfolgswirksamen Vorgänge grundsätzlich erst im Jahr der Vereinnahmung bzw. Verausgabung aus. Hierzu folgende Beispiele:

Erstes Beispiel:

Ein frei praktizierender Arzt, der seinen Gewinn nach § 4 (3) EStG ermittelt, behandelt einen Patienten im Oktober 1999 und schickt ihm noch im gleichen Monat die Arzt-Rechnung. Bezahlt der Patient die Rechnung erst im Januar 2000, dann wird diese Honorarleistung für den Arzt erst im Jahr 2000 erfolgswirksam, weil sie erst dann zur Betriebseinnahme führt.

Zweites Beispiel:

Die Inhaberin eines "Tante Emma-Ladens", die ihren Gewinn nach § 4 (3) EStG ermittelt, kauft ihre Waren im Dezember 1999 beim Lieferanten auf Ziel ein. Die ihr im Dezember 1999 zugesandte Rechnung bezahlt sie erst im Januar 2000.
Somit wird dieser Vorgang bei der Inhaberin dieses Ladens erst in 2000 erfolgswirksam, da er erst dann zur Betriebsausgabe führt und den Gewinn mindert.

Gewillkürtes Betriebsvermögen ist bei dieser Gewinnermittlungsart nicht möglich, da es den unbedingten Ausweis in der Bilanz zur Voraussetzung hat.

1.2 Fallen Aufwand und Betriebsausgabe bzw. Ertrag und Betriebseinnahme ins gleiche Jahr, dann ist die Gewinnauswirkung bei beiden Gewinnermittlungsarten gleich. Dies gilt zum Beispiel für den Ladeninhaber, der seine in 1999 eingekauften Waren im gleichen Jahr bezahlt.

Ebenso hat die Anschaffung von abnutzbaren Anlagegütern keine unterschiedliche Gewinnauswirkung, da hierfür auch bei der vereinfachten Gewinnermittlung nicht der Zeitpunkt der Bezahlung, sondern der Zeitpunkt der Anschaffung (mit Rechnungsausstellung) entscheidend ist und nur die entsprechende AfA als Betriebsausgabe zu Grunde gelegt wird.

1.3 Sie kommt insbesondere für Freiberufler zur Anwendung, da diese auch bei Überschreitung bestimmter Größenmerkmale, vergleiche § 141 AO, diese Gewinnermittlungsart beibehalten können. Damit will man diesem Personenkreis die Gewinnermittlung erleichtern, weil Freiberufler keine Kaufleute sind.

Ansonsten ist sie auch für kleine Händler und kleine Landwirte zulässig, sofern diese nicht bestimmte Größenmerkmale mit ihren Betrieben überschreiten, vergleiche § 141 AO. Bei ihnen hält man die Ausnahme von der Buchführungspflicht noch für vertretbar, um ihre Kosten in Grenzen zu halten.

Fall 2

		Ehemann DM	Ehefrau DM

Einkünfte aus Gewerbebetrieb

| Gewinnanteil Komplementär | 150 000,00 | | |
| + Zinsen für Darlehen an KG | 15 000,00 | 165 000,00 | |

Verkauf wesentlicher Beteiligung § 17 EStG
| Verkaufspreis | 250 000,00 | | |
| AK | 270 000,00 | ./. 20 000,00 | |

Verlustausgleich zulässig

Gewinnanteil atypische stille Beteiligung   10 000,00

Einkünfte aus Kapitalvermögen

Ehemann: Dividenden (TZ 2.2)   23 284,01
Nettoauszahlung 12 000,00
+ KESt 4 074,70 + KSt 6 985,20
+ Soli   224,11
Sparer-Freibetrag
+ WK-Pauschbetrag   6 100,00   17 184,00

Ehefrau: Gewinn GmbH (TZ 2.3)
Nettoauszahlung 9 000,00
+ KESt 3 056,03 + KSt 5 238,90
+ Soli   168,08   17 463,01

Gewinn typische stille Gesellschaft
Nettoauszahlung 18 000,00
+ KESt 6 112,06 + Soli 336,16   24 448,22
./. WK-Pauschbetrag   100,00
Sparer-Freibetrag   6 000,00   35 811,00

Einkünfte aus V + V

Zweifamilienhaus:
Mieteinnahmen 7 x 1 650,00 =   11 550,00
            7 x   660,00   4 620,00
                                    16 170,00

			Ehemann DM	Ehefrau DM
./. Werbungskosten anteilig (§ 21 (2) Neffe zahlt 40 % der ortsüblichen Miete)				
Hausversicherung	500,00			
Müllabfuhr	400,00			
Grundsteuer	600,00			
Hypothekenzinsen	6 000,00			
Kosten Eintrag Hypothek Hypothek	300,00			
AfA 5 % v. 600 000,00	30 000,00			
	37 260,00			
davon 70 %		26 082,00	./. 9 912,00	
Summe der Einkünfte			152 272,00	45 811,00
./. Altersentlastungsbetrag Ehemann			3 720,00	
Gesamtbetrag der Einkünfte				194 363,00

./. Sonderausgaben I

KiSt-VZ	2 600,00			
./. KiSt-Rückerstattung	600,00			2 000,00
wissenschaftl. Spende		8 000,00		
mildtätige Spende		4 000,00		
		12 000,00		
Erhöhungsbetrag 5 % von 194 363,00		9 719,00	9 719,00	
		2 281,00		
+ gemeinnützige Spende		1 500,00		
		3 781,00		
fester Höchstbetrag 5 % von 194 363,00 max.		3 781,00	3 781,00	13 500,00
Spende politische Partei			3 200,00	
./. verbraucht § 34 g EStG			3 200,00	0,00

Spende Freie Wählervereinigung 4 400,00
§ 34 g: zusätzlich 2 200,00 Steuerabzug

		Ehemann DM	Ehefrau DM
./. Sonderausgaben II (Vorsorgeaufwendungen)			
KV	4 800,00		
LV	3 200,00		
UV	800,00		
HV	1 200,00		
Kasko-Versicherung			
Einbruch-Diebstahl-Versicherung	0,00		
	10 000,00		
./. Vorwegabzug	10 000,00	10 000,00	
	0,00		
Bausparkasse			
10 000,00 0 %	0,00		10 000,00
./. Außergewöhnliche Belastungen			
§ 33 EStG: Krankheitskosten		7 200,00	
./. Erstattung		3 000,00	
		4 200,00	
./. zumutbare Belastung			
2 % von 194 363,00		3 887,00	313,00
Tochter Erna § 33 a Abs. 1 Nr. 2			
Höchstbetrag		13 020,00	
Einkünfte Erna: Bruttolohn	7 200,00		
./. AN-P	2 000,00		
	5 200,00		
steuerunschädlich	1 200,00		
steuerschädlich		4 000,00	
		9 020,00	
tatsächliche Aufwendungen 12 x 400,00			4 800,00
Sohn Rolf § 33 a Abs. 1 Nr. 1 (kein Kinderfreibetrag), kein Ausbildungsfreibetrag trotz Wehrdienst 12 Monate, weil zu alt, also § 33 a (1) Höchstbetrag			
§ 33 a (1) Höchstbetrag		13 020,00	

				Ehemann DM	Ehefrau DM

Einkünfte Rolf:

Bruttolohn	5 500,00			
./. AN-PB	2 000,00	3 500,00		
Zinsen	2 800,00			
./. WK-Pb	100,00	2 700,00		
Sparer-Fr.	2 700,00	0,00		
./. 360,00		6 200,00		
Steuerunschädlich		1 200,00	4 640,00	
			8 380,00	

max. tatsächliche Aufwendungen 12 x 500,00		6 000,00

Sohn Markus
Ausbildungsfreibetrag 2/12 von 4 200,00 — 700,00

Ausbildungsfreibetrag Tochter Ruth
8/12 von 1 800,00 = 1 200,00
4/12 von 4 200,00 = 1 400,00 — 2 600,00

Hausgehilfin § 33 a Abs. 3 Nr. 2
5/12 von 1 800,00 = — 750,00

§ 33b EStG: Karl Rabe (R 194 (3)) — 2 400,00

Tochter Maria — 7 200,00
Pflege-Pauschbetrag — 1 800,00

Selbstgen. EFH:
Förderung nach dem EigzulG (siehe unten)

Einkommen — 142 300,00

			DM
Übertrag: Einkommen			142 300,00

./. Kinderfreibeträge:
Erna	0,00	
Rolf	0,00	
Markus	6 912,00	x 2/12
Ruth	6 912,00	
Maria	6 912,00	

aber Kindergeldbezug ist hier auf jeden Fall besser			0,00
Zu versteuerndes Einkommen			**127 873,00**

ESt laut Tabelle	35 560,00	

Steuerermäßigungen:
Eigenheimzulage	5 000,00	außerhalb der ESt
Kinderzulage	4 500,00	außerhalb der ESt

§ 34 g Pol. Partei	1 600,00
§ 34 g FWV	2 200,00
	221260,00

davon bereits bezahlt:
KESt	13 242,79
KSt	12 224,10

Erstattung	**3 206,89**

Fall 3

a) Der betriebliche genutzte Grundstücksteil einschließlich anteiliger Grund und Boden ist notwendiges Betriebsvermögen, da 70 % der Nutzfläche eigenen betrieblichen Zwecken dient. Der Wohnteil von 30 % ist notwendiges Privatvermögen.

b) Der betriebliche Teil wird bei der Gewinnermittlung berücksichtigt. Der private Wohnteil wird nicht versteuert.

30 % von 929 350,00 DM	278 805,00 DM
Bemessungsgrundlage	250 925,00 DM
2,5 % davon gemäß EigzulG, maximal	2 500,00 DM (Altbau)

c) Betriebsvermögensvergleich: DM

BV 31.12.1999	730 000,00
BV 31.12.1998	450 000,00
Zunahme 1999	280 000,00
Entnahme 1999	156 000,00
Einlagen 1999	./. 36 000,00
Vorläufiger Gewinn 1999	400 000,00

Zu 1 Grundstückskauf

Anschaffungskosten:

900 000,00 + 31 500,00 + 10 000,00 =	941 500,00 DM
70 % betrieblich genutzt	659 050,00 DM
20 % Grund und Boden	./. 131 810,00 DM
Gebäudeteil	527 240,00 DM

AfA-Bemessungsgrundlage

2 % von 527 240,00	10 545,00 DM
70 % der Aufwendungen von 6 000,00	4 200,00 DM
Gewinnauswirkung	./. 14 745,00 DM

1.2	PKW-Entnahme zum Teilwert	DM

Wiederbeschaffungskosten netto	3 000,00
Buchwert	<u>10 000,00</u>
Gewinnauswirkung	+ 3 000,00

Bemerkung:
Die Entnahme wirkt sich auf die Umsatzsteuer direkt aus, erhöht also die Umsatzsteuerschuld, wirkt sich somit nicht auf die Höhe des Gewinns aus.

Einkünfte aus Gewerbebetrieb   **388 255,00**

Fall 4

	DM
Gesamtbetrag der Einkünfte	150 000,00

./. Sonderausgaben (keine Vorsorgeaufwendungen)

Kirchensteuer	650,00
Stundungszinsen (entfällt ab VZ 1999)	0,00
Steuerberatungskosten	750,00
Ausbildungskosten (Umschulung) maximal	1 800,00
Schulgeld 30 % von 800,00 DM	240,00

Spenden:

Betreuungskosten für Tochter steht Gegenleistung des Vereins gegenüber, deshalb keine Spende.

Für wissenschaftliche und mildtätige Zwecke	7 600,00		
5 % von 150 000,00	7 500,00	7 500,00	
Rest	100,00		
Für gemeinnützige Zwecke	2 000,00		
	2 100,00		
5 % von 150 000,00 maximal	2 100,00	2 100,00	
	0,00	9 600,00	9 600,00
An politische Partei	2 500,00		
Höchstbetrag § 34 g EStG	2 500,00	0,00	

./. Sonderausgaben (Vorsorgeaufwendungen)

Personenversicherungen insgesamt (nicht Hausratversicherung)	17 900,00		
Vorwegabzug 12 000,00 ./. 16 % von 68 000,00 10 880,00	1 120,00	1 120,00	
	16 780,00		
Höchstbetrag	5 220,00	5 220,00	
	11 560,00		
./. 50 % vom Rest max.	2 620,00	2 610,00	8 950,00

125

./. Außergewöhnliche Belastung			DM
Unterstützung Mutter		6 000,00	
Höchstbetrag		13 020,00	
Einnahmen	6 000,00		
	4 440,00		
	10 400,00		
./. WK Pauschbetrag	200,00		
./. Kosten-Pausbetrag	360,00		
eigene Einkünfte + Bezüge	9 880,00		
unschädlich	1 200,00		
schädlich	8 680,00	8 680,00	
abziehbar		3 320,00	4 340,00
Ausbildungsfreibetrag Sohn 4/12 von 4 200,00			1 400,00
8/12 von 2 400,00			1 600,00
Verlustabzug 10 d EStG			5 000,00
Einkommen			**115 670,00**
./. Kinderfreibeträge 2 x, aber Kindergeld ist günstiger, deshalb			0,00
Zu versteuerndes Einkommen			**115 670,00**

Fall 5

	EM DM	EF DM

1. Einkünfte aus L + F   800,00

2. Einkünfte aus selbständiger Arbeit

    Einnahmen   1 100,00
    ./. Ausgaben 1 300,00   ./. 200,00

3. Einkünfte aus nichtselbständiger Arbeit

    Einnahmen 13 x 7 000,00 + 5 000,00
    (kein Jubiläumsgeschenk)

    ./. WK   1 856,00
                + 684,00
    Kontoführg.   30,00
                2 570,00 (> 2 000,00)   93 430,00

    (Die Ausgaben für die Geburtstagsfeier-
    sind Privataufwendungen und keine WK)

4. Einkünfte aus Kapitalvermögen

                EM   EF
                280,00
            1 200,00   480,00
    WK-PB   ./. 100,00   ./. 100,00
    Sparer-FB ./.1 380,00 ./. 380,00   0,00   0,00

5. Einkünfte aus V+V

    Einnahmen   30 240,00
    ./. Wk   800,00
         + 1 800,00
         + 8 640,00
           13 240,00   17 000,00

(Tilgung keine WK)

	DM	DM

6. Sonstige Einkünfte

EM: Spekulationsgewinn 800,00
FG   =   1 000,00   0,00

EF: Lebensversicherung ist nicht anzusetzen   0,00

Verkauf PKW ist nicht anzusetzen   0,00

Altersrente 35 % von   11 400,00
(Ertragsanteil)   ./. 200,00 WK-PB)   3 790,00

Summe der Einkünfte	93 430,00	21 390,00

./. FB für L + F   ./.   800,00

./. Altersentlastungbetrag, max. 3 720,00   ./. 3 720,00
(17 600,00 x 40 %)

Gesamtbetrag der Einkünfte   110 300,00

./. Sonderausgaben-Pauschbetrag   216,00
    Vorsorgepauschale   830,00
    Ausbildungsfreibetrag   4 200,00

Einkommen =   Zu versteuerndes Einkommen   98 054,00

Kinderfreibetrag kommt nach § 32 nicht zum Ansatz.

Vorsorge- Pauschale
  20 % von AL
  20 % von 96 000,00   =   19 200,00

1. Vorwegabzug
   12 000,00
   ./. 15 360,00 (16 % v. 96 000,00)
        0,00   0,00
                                        19 200,00   0,00

2. GmbH   5 220,00   ./. 5 220,00
                                        13 980,00

3. 50 % von 13 980,00   ./. 2 610,00   2 610,00
   maximal   7 830,00

Fall 6

Einkünfte aus Vermietung und Verpachtung

1. Einnahmen

a) Mietwohnungen:	2 x 12 x 800,00	19 200,00 DM
b) Garage:	12 x 60,00	720,00 DM
		19 920,00 DM

Der Nutzungswert der eigengenutzten Wohnung und Garage wird nicht angesetzt.

2. Werbungskosten

a) Versicherungen/Grundsteuer	1 072,00	
b) Müllabfuhr	240,00	
c) AfA	6 000,00	
d) Zinsaufwendungen	800,00	
Summe	8 112,00	
Davon 2/3 für vermietete Wohnungen		5 408,00 DM
Einkünfte aus V + V		14 512,00 DM

Die Tilgungszahlungen sind keine Werbungskosten. Die Malerarbeiten sind ebenfalls keine Werbungs-, sondern Lebenshaltungskosten.

Fall 7

Persönliche Verhältnisse

Edmund und Waltraud Hauger sind gemäß § 1 (1) EStG unbeschränkt einkommensteuerpflichtig, da beide natürliche Personen sind und ihren Wohnsitz im Inland haben.

Die Eheleute Hauger erfüllen die Voraussetzungen für die Ehegattenveranlagung gemäß § 26 EStG. Da die Eheleute keine Erklärung bezüglich Ihres Wahlrechts abgeben, wird unterstellt, dass die Ehegatten die Zusammenveranlagung gemäß § 26 b wählen.

Die tarifliche Einkommensteuer der Eheleute wird nach dem Splittingverfahren gemäß § 32 a ermittelt.

Die leiblichen Kinder Josef und Marion sind beide über 18 Jahre alt, haben jedoch im VZ 1999 das 27. Lebensjahr nicht vollendet, und befinden sich in der Berufsausbildung. Sie sind somit beide bei der Veranlagung als Kinder gemäß § 32 (4) Ziff. 1 zu berücksichtigen.

	DM
Ermittlung des zu versteuernden Einkommen	
Einkünfte aus selbständiger Arbeit gemäß § 18 EStG - Ehemann	
Vorläufiger Überschuss	199 980,00
TZ 1.1 Korrektur Darlehen, Auszahlung keine Betriebseinnahme	./. 46 400,00
Disagio des Darlehens Betriebsausgabe zum Zeitpunkt der Auszahlung (§ 11 EStG)	./. 2 000,00
Lineare AfA von 20 %	./. 8 000,00
Umsatzsteuer ist Betriebsausgabe als gezahlte Vorsteuer	./. 6 400,00
TZ 1.2 Tilgung ist keine Betriebsausgabe, sondern erfolgsneutral	+ 9 600,00

		DM
TZ 1.3 Forderungsausfall ist keine Betriebsausgabe	+	287,50

TZ 1.4
Bußgeld = nichtabzugsfähige Betriebsausgabe-
gemäß § 4 (5) Ziff. 8 EStG   + 460,00

TZ 1.5
kein Geschenk, da über 75,00 DM, sondern Repräsen-
tationsaufwendung § 4 (5) Ziff. 1, deshalb keine BA,
umsatzsteuerpflichtig (USt / fiktive BE)   + 134,90

TZ 1.6
§ 11 (1) Satz 2, wiederkehrende Zahlung innerhalb
kurzer Zeit (10 Tage) durchbricht Zufluss-Abfluss-Prinzip   + 2 300,00

TZ 1.7
Private Kfz-Nutzung als BA 20 % (wegen Fahrtenbuch)

a) Versicherung/Steuer: kein Vorsteuerabzug,
   deshalb keine USt auf Eigenverbrauch   240,00 DM

b) Laufende Kfz-Kosten einschließlich
   AfA 18 800,00 DM davon 20 %   3 760,00 DM
   zuzüglich USt   601,60 DM   + 4 601,60

Endgültiger Überschuss gemäß § 18 EStG   154 964,00

	DM	DM	DM

Einkünfte aus nichtselbständiger Arbeit
§ 19 EStG - Ehefrau

Bruttogehalt
3 800,00 DM x 12 Monate   45 600,00

Werbungskosten § 9 EStG

a) Fahrten Wohnung - Arbeits-
stätte an 196 Tagen x 20 km x 0,70   2 744,00

b) Fachliteratur   450,00

c) Kostüm - keine Werbungskosten,
da Kosten gemäß § 12 EStG   0,00

d) Verkehrsunfall = Werbungskosten, da auf dem Weg
zur Arbeitsstätte   3 800,00

e) Kontoführungspauschale   30,00

Werbungskosten gesamt   ./. 7 024,00

Einkünfte gemäß § 19 EStG   38 576,00

	Ehemann	Ehefrau
Einkünfte aus Kapitalvermögen gemäß § 20 EStG		
Dividende VW-Aktien		6 479,00
Solidaritätszuschlag 5,5 % (= 1,375 %)		+ 121,00
Kapitalertragsteuer 25 %		+ 2 200,00
Körperschaftsteuer 30 %		+ 3 771,00
		12 571,00
Sonstige Zinsen		8 200,00
Bausparzinsen	2 750,00	
Gutschrift		
Typische stille Beteiligung	8 835,00	
+ Kapitalertragsteuer 25 %	3 000,00	
+ Soli-Zuschlag 1,375 %	165,00 12 000,00	
Einnahmen	14 750,00	20 771,00

	Ehemann DM	Ehefrau DM
Übertrag	14 750,00	20 771,00
./. Werbungskostenpauschbetrag	100,00	100,00
./. Sparerfreibetrag	6 000,00	6 000,00
	8 650,00	14 671,00
Summe der Einkünfte	163 614,00	53 247,00

Summe der Einkünfte (volle DM-Beträge)	216 861,00

Die Erbschaft gehört nicht zu den
sieben Einkunftsarten und ist somit nicht steuerbar.

./. Altersentlastungsbetrag Ehemann gemäß § 24 a,
  da zu Beginn des VZ das 64. Lebensjahr vollendet
  40 % der positiven Summe der Einkünfte:
  maximal ./. 3 720,00

Gesamtbetrag der Einkünfte 213 141,00

a) SA I, die keine Vorsorgeaufwendungen sind

Kirchensteuer: Vorauszahlungen	1 080,00	
Lo-KiSt	648,00	
	1 728,00	
./. KiSt-Erstattung für 1998	780,00	./. 948,00
Spende an politische Parteien:		
CDU	4 000,00	
SPD	3 000,00	
gesamt	7 000,00	
./. Steuerermäßigung gemäß § 34 g EStG	6 000,00	
Verbleiben als Sonderausgaben gemäß § 10 b (2)		./. 1 000,00

Genforschung (Spende wissenschaftliche Zwecke)
abzugsfähig: 213 141,00 = 21 315,00
2 x 5 % vom Gesamtbetrag der EK

tatsächliche Zahlung ./. 6 000,00

	DM	DM	DM	DM

b) SA II, Vorsorgeaufwendungen

Versicherungsbeiträge:
- Wohnwagenhaftpflicht   300,00
- KV-Beiträge (EM)   8 030,00
- AN-Beiträge SV (EF)   8 436,00
- Kfz-Vers. Privatanteil   170,00   16 936,00
  (850 x 20 %)

Vorwegabzug/Ehegatten   12 000,00

Kürzung 16 % von BAL
- EF 45 600,00   7 296,00
verbleiben   4 704,00   4 704,00   4 704,00

restliche Vers.Beiträge   12 232,00

Grundhöchstbetrag   ./. 5 220,00   5 220,00
verbleiben   7 012,00

Hälftiger Grundhöchstbetrag
=   50 % von 7 012,00   3 506,00
max. 50 % von 5 220,00   2 610,00   2 610,00

Abzugsfähige Vorsorgeaufwendungen   ./. 12 534,00

Außergewöhnliche Belastungen

Ausbildungsfreibetrag gemäß § 33 a (2) EStG

1. Sohn > 18 Jahre auswärtig untergebracht

    Ausbildungsfreibetrag: 4 200,00

    Abzüglich der eigenen Einkünfte
    und Bezüge des Sohnes:
    Bruttoarbeitslohn   6 600,00
    Arbeitnehmerpauschbetrag   ./. 2 000,00
                                 4 600,00
    Übersteigt den anrechnungs-
    freien Betrag von   3 600,00 ./.1 000,00

    Gekürzter Ausbildungsfreibetrag   /. 3 200,00

2. Tochter ist älter als 18 Jahre und DM
   lebt im gemeinsamen Haushalt der Eltern

   Ausbildungsfreibetrag   2 400,00

   Eigene Einkünfte und Bezüge
   der Tochter   0,00

   Ungekürzter Ausbildungsfreibetrag   ./. 2 400,00

Einkommen	187 059,00
Zwei Kinderfreibeträge gemäß § 32 (6) EStG (2x12x576,00)	./. 13 824,00
Zu versteuerndes Einkommen	**173 235,00**

Steuerberechnung (§§ 31, 32 EStG)

ESt I Abzug von KF)		ESt II (ohne Abzug von KF)	
Einkommen	187 059,00 DM	Einkommen	
./. 2 x 12 x 576	13 824,00 DM	= z.v.E	
z.v.E	173 235,00 DM		187 059,00 DM
ESt I	49 424,00 DM	ESt II	55 494,00 DM

ESt II	55 494,00 DM		
./. ESt I	49 424,00 DM		
§ 2 (6)	6 070,00 DM	⇒ Kindergeld (2x12x250,00)	6 000,00 DM
ESt I	49 424,00 DM		
+ Kindergeld	6 000,00 DM		
Festzusetzende ESt 1999	**55 424,00 DM**		

Schema:

Ermittlung des Einkommens gemäß § 2 Abs. 4 EStG wie bisher

Abzug Kinderfreibetrag	kein Abzug Kinderfreibetrag
Tarifliche ESt I	= Tarifliche ESt II

    Tarifliche ESt II
./. Tarifliche ESt I
    Unterschiedsbetrag

Größer als entsprechendes Kindergeld	Geringer als entsprechendes Kindergeld
Tarifliche ESt I ansetzen § 2 Abs. 6 EStG	Tarifliche ESt II ansetzen § 2 Abs. 6 EStG
Tarifliche ESt I + <u>Erhaltenes Kindergeld</u> = Festzusetzende ESt	= Festzusetzende ESt

Errechnung der Einkommensteuerabschlusszahlung mit Ansatz des KF

Die tarifliche Einkommensteuer laut Splittingtabelle beträgt bei einem zu versteuernden Einkommen von 173 235,00	55 424,00 DM
Steuerermäßigung gemäß § 34 g EStG Parteispende 50 % von 6 000,00	./. 3 000,00 DM
Abzüglich bereits geleisteter ESt-Vorauszahlung 1999	./. 12 000,00 DM
Abzüglich bereits geleisteter Lohnsteuerzahlungen 1999	./. 7 200,00 DM
Kapitalertragsteuer Ehefrau	./. 2 200,00 DM
Kapitalertragsteuer Ehemann	./. 3 000,00 DM
Körperschaftsteuer Ehefrau	./. <u>3 771,00 DM</u>
In 1999 zu leistende Abschlusszahlung	24 253,00 DM

Fall 8

Eigenheimzulage

1. Ermittlung der Anschaffungskosten

Kaufpreis	350 000,00 DM
+ Notarkosten Kaufvertrag	4 200,00 DM
+ Eintragung Grundbuch (Eigentümerwechsel)	1 000,00 DM
+ Grunderwerbsteuer 2 % von 350 000,00	7 000,00 DM
+ Maklergebühr	12 900,00 DM
	375 100,00 DM

Grundförderung

5 % von 375 100,00, max.	5 000,00 DM
Kinderzulage 2 x 1 500,00 =	3 000,00 DM

2. Förderung im EStG

Nach § 10 i EStG könnte Erxleben eine Vorkostenpauschale in Höhe von 3 500,00 DM wie Sonderausgaben abziehen (in 1998, entfällt ab 1999).

Förderung durch EigZulG (als direkter Zuschuss) ab 1998 = 8 Jahre

1. Förderungsgrundbetrag: 5 % der Bemess.grdl., max		5 000,00 DM
2. Kinderzulage:	2 x 1 500,00	3 000,00 DM
insgesamt		8 000,00 DM

Betriebliche Steuerlehre

Teil 3: Umsatzsteuer

Fall 1

1. a) Lieferungen vom Möbelhersteller aus Oslo:

   Steuerbare Lieferungen nach § 1 (1) Nr. 1 UStG i.V.mit § 3 (8) UStG. Norwegischer Lieferer (Drittland) Schuldner der deutschen EUSt. Lieferort somit Deutschland. Lieferungen demnach USt-pflichtig, USt-Satz 16 %; BMGl: 225 000,00 DM. Abzuführende USt: 16 % von 225 000,00 = 36 000,00 DM.
   Vorsteuerabzug (Erich Fromm): 36 000,00 DM, vgl. § 15 (1) UStG.

   b) Lieferungen vom Möbelhersteller aus Bergen (Norwegen):

   Für Erich Fromm steuerbare Einfuhren nach § 1 (1) Nr. 4 UStG. Norwegen Drittland. Lieferer nicht Schuldner der deutschen EUSt. Keine Befreiung von der EUSt. EUSt-Satz: 16 %; BMGl: 285 000,00 DM. EUSt: 16 % von 285 000,00 = 45 600,00 DM. EUSt von 45 600,00 DM als VoSt abzüglich, vgl. § 15 (1) Nr. 2 UStG.

   c) Lieferungen vom französischen Möbelhersteller aus Nancy (Frankreich):

   Für Erich Fromm steuerbarer innergemeinschaftlicher Erwerb, vgl. § 1 (1) Nr. 5 UStG i.V.mit § 1 a (1) UStG. USt-pflichtig; USt-Satz: 16 %; BMGl, 545 000,00 DM, USt (hier i.S. von Erwerbsteuer): 16 von 545 000,00 DM = 87 200,00 DM. VoSt-Abzug 87 200,00 DM, vgl. § 15 (1) Nr. 3 UStG.

2. a) Lieferungen in Deutschland:

   Steuerbare Lieferungen; Lieferort: München, vgl. § 1 (1) Nr. 1 UStG; USt-pflichtig; USt-Satz 16 %; BMGl: 505 000,00 DM; USt: 80 800,00 DM, VoSt-Abzug gegeben, vgl. § 15 (1) Nr. 1 UStG.

   b) Lieferungen in die Schweiz:

   Steuerbare Lieferungen (ausgenommen vom Auslieferungslager); vgl. § 1 (1) Nr. 1 UStG; Lieferort München; USt-frei wegen Ausfuhrlieferung (Schweiz: Drittland), vgl. § 4 Nr. 1 a UStG; VoSt-Abzug gemäß § 15 (3) Nr. 1 a UStG

   Lieferung vom Auslieferungslager (Bern); nicht steuerbar, da Lieferort Bern (Schweiz); VoSt-Abzug bleibt, vgl. § 15 (3) Nr. 2 a UStG

c) Lieferungen an dänische Unternehmer:

Steuerbare Lieferungen, vgl. § 1 (1) Nr. 1 UStG. Lieferort Deutschland; USt-frei wegen innergemeinschaftlicher Lieferung, vgl. § 4 Nr. 1 b UStG; VoSt-Abzug bleibt, vgl. § 15 (3) Nr. 1 a UStG.

Anmerkung: Für dänische Unternehmer, da Vollunternehmer im Gemeinschaftsgebiet, steuerbarer Erwerb nach dänischem USt-Recht.

3. a) Lieferung des Ultraschallgeräts für die Pariser Firma für medizinische Geräte steuerbar nach § 1 (1) Nr. 1 UStG i.V.mit § 3 c UStG; sog. Versandumsatz; Lieferort ist Leipzig, Ende der Beförderung; USt-pflichtig; USt-Satz 16 %, BMGl: 12 440,00 DM; USt: 16 % von 12 440,00 = 1 990,40 DM.

b) Lieferung des PKW für die Ärztin nach § 1 (1) Nr. 5 UStG i.V.mit § 1 b UStG steuerbar, so genannter innergemeinschaftlicher Erwerb neuer Fahrzeuge durch private Endverbraucher; USt- bzw. Erwerbsteuerpflichtig; USt i.S. von Erwerbsteuer 16 %; BMGl: 18 500,00 DM; USt: 16 % von 18 500,00 DM = 2 960,00 DM.

Anmerkung: Für die Pariser Autofirma ist die PKW-Lieferung in Frankreich steuerbar, aber steuerfrei als innergemeinschaftliche Lieferung.

Für Andrea Rugel kein VoSt-Abzug: weder für Ultraschallgerät, vgl. § 15 (2) Nr. 1 UStG (Ärztin führt nur steuerfreie Umsätze, so genannte Ausschlussumsätze, aus) noch für den PKW, da Erwerb als Endverbraucher.

4. Auslieferungslager Kiel:

Das Verbringen der Maschinen ins Kieler Auslieferungslager ist sogenannter Innenumsatz, kein echter Leistungsaustausch, somit nicht steuerbar.

Die Belieferung von dort aus

- an norddeutsche Unternehmen ist steuerbare Lieferung, vgl. § 1 (1) Nr. 1 UStG; USt-pflichtig;

- an Unternehmen in Dänemark ebenfalls steuerbare Lieferung nach § 1 (1) Nr. 1 UStG, Lieferort Kiel/Deutschland, aber USt-frei als innergemeinschaftliche Lieferung nach § 4 Nr. 1 b UStG.

Auslieferungslager Paris:

Das Verbringen der Maschinen ins Auslieferungslager Paris ist in Deutschland eine fiktive steuerbare (fiktiver Lieferort Düsseldorf), aber steuerfreie innergemeinschaftliche Lieferung, vgl. §§ 1 (1) Nr. 1 UStG, 4 Nr. 1 b UStG und 1 a (2) Nr. 1 UStG (letzterer als korrespondierende Vorschrift). In Frankreich ist es demzufolge ein fiktiver steuerbarer und steuerpflichtiger Erwerb.

Auslieferungslager Warschau:

Das Verbringen der Maschinen von Düsseldorf nach Warschau (Polen ist Drittland) ist ein Innenumsatz, kein echter Leistungsaustausch, somit nicht steuerbar. Die Belieferung der polnischen Abnehmer vom Warschauer Auslieferungslager ist nicht steuerbar (Lieferort Warschau), vgl. § 1 (1) Nr. 1 UStG.

Der Vorsteuerabzug bleibt für sämtliche angeführten Umsätze erhalten, vgl. § 15 UStG.

5. a) Geschenke an Geschäftsfreunde:

§ 4 (5) Nr. 1 EStG: abzüglich BA bis netto 75,00 DM pro Jahr an Nicht-AN (hier 60,00 DM Aufwand je Kiste). VoSt-Abzug bleibt.

b) Geschenk an Tochter:

Entnahmeort ist Cochem; USt-pflichtig; USt-Satz 16 %; Bemessungsgrundlage 165,00 DM; BMGl: SK = VoSt-Abzug nach § 15 UStG bleibt. USt 26,40 DM.

c) Geschenk an Sohn:

Nicht steuerbare Entnahme, Ort ist Zürich (Ausland). VoSt-Abzug nach § 15 UStG bleibt.

d) Private Nutzung des PKW:

Steuerbare Entnahme, Ort ist Cochem/Deutschland. USt-pflichtig; USt-Satz 16 %; BMGl: 33 1/3 % von 15 084,00 DM = 5 028,00 DM. USt: 16 % von 5 028,00 DM = 804,48 DM.

Anmerkung: Fahrten im Ausland unerheblich.
VoSt-Abzug nach § 15 UStG bleibt.

6. a) Vermittelte Werkzeuglieferungen nach Amsterdam:

   Steuerbare Vermittlungsleistung; Ort der Vermittlungsleistung München, da München Ort der vermittelten Werkzeuglieferung, vgl. § 3 a (2) Nr. 4 UStG i.V.mit § 3 (6) UStG i.V.mit § 1 (1) Nr. 1 UStG; USt-pflichtig, da § 4 UStG nicht anwendbar; USt-Satz 16 %; BMGl: 20 % von 150 000,00 DM = 30 000,00 DM. USt: 16 % von 30 000,00 DM = 4 800,00 DM. VoSt-Abzug nach § 15 (1) Nr. 1 UStG.

   b) Vermittelte Maschinenlieferung nach Paris:

   Nicht steuerbare Vermittlungsleistung; Ort der Vermittlungsleistung Paris (Ausland), weil die Maschinen-GmbH Walter bei dem Auftrag die französische USt-Id.Nr. verwendet, vgl. § 3 a (2) Nr. 4 UStG i.V.mit § 1 (1) Nr. 1 UStG.

7. Beförderungsleistung, steuerbar, sofern in Deutschland bewirkt, d.h. bis zur deutsch-schweizerischen Grenze. Nicht steuerbar von dieser Grenze bis Zürich, da im Ausland (Drittland) bewirkt, vgl. § 1 (1) Nr. 1 UStG i.V.mit § 3 b UStG. Stb. Beförderungsleistung, aber USt-frei, vgl. § 4 Nr. 3 a S. 1 UStG. VoSt-Abzug zulässig, vgl. § 15 (3) Nr. 1 UStG.

Fall 2

1.1 Die Firma Reimers führt in den süddeutschen Raum steuerbare und steuerpflichtige Lieferungen aus.

Vgl. die §§ 1 (1) Nr. 1, 3 (1) und 4 UStG; USt-Satz 16 %,
vgl. § 12 (1) UStG; BMGL: 82 800,00; vgl. § 10 (1) UStG.
USt: 16 % von 82 800,00 = 13 248,00 DM.

Die Firma Reimers führt nach Frankreich eine steuerbare Versendungslieferung aus (innergemeinschaftliche Lieferung). Vgl. §§ 1 (1) Nr. 1 und 3 (6) UStG. Lieferort ist im Inland, die Lieferung ist nach § 4 Nr. 1 b steuerfrei.

Die Firma Reimers führt nach Polen eine steuerbare, aber steuerfreie Versendungslieferung (Ausfuhrlieferung) aus. Vgl. §§ 1 (1) Nr. 1, 3 (6) und 4 Nr. 1 a UStG.

Vorsteuerabzug bleibt. Alle drei Umsätze sind so genannte Abzugsumsätze, vgl. § 15 UStG.

Der Handelsvertreter Kunze führt in allen drei Fällen eine steuerbare Vermittlungsleistung durch. Ort der Leistung ist Konstanz, vgl. § 3 a (2) Nr. 4 UStG.

Vermittlungsleistung in den süddeutschen Raum außerdem USt-pflichtig, da nicht USt-befreit nach § 4 UStG; USt-Satz 16 %, vgl. § 12 (1) UStG. BMGL: 20 % von 82 800,00 = 16 560,00, vgl. § 10 (1) UStG; VoSt-Abzug bleibt, vgl. § 15 UStG.

Vermittlungsleistung für Umsätze nach Frankreich: Entgelt 20 % von 60 500,00 = 12 100,00 DM, USt-frei, vgl. § 4 Nr. 5 a UStG; VoSt-Abzug bleibt, da Abzugsumsatz, vgl. § 15 UStG.

Vermittlungsleistung für Umsätze nach Polen: Entgelt 20 % von 42 400,00 = 8 480,00 DM,; USt-frei, vgl. § 4 Nr. 5 a UStG (da vermittelte Leistung Ausfuhrlieferung ist); VoSt-Abzug bleibt, da Abzugsumsatz, vgl. § 15 UStG.

1.2 Steuerbares Reihengeschäft, vgl. § 3 (6) Satz 5 UStG i.V.mit § 1 (1) Nr. 1 UStG. Nur ein Lieferort und zwar in Kehl.

Lief.: Ludwig an Rau stb. und stpfl., vgl. § 4 UStG
BMGL: 4 500,00 DM; USt-Satz 16 %, USt = 720,00 DM

Lief.: Rau an Habicht stb. und stpfl., vgl. § 4 UStG
BMGL: 5 350,00 DM; USt-Satz 16 %; USt = 856,00 DM
VoSt-Abzug bleibt.

1.3 Es liegt ein stb. und stpfl. Kommissionsgeschäft vor, vgl. § 1 (1) Nr. 1 UStG i.V. mit § 3 (3) UStG und § 4 UStG.

Zwei Lieferungen: Kommittent an Kommissionär und Kommissionär an Abnehmer (Dritte)

Schmidt (Kommittent): hieraus abführende USt: 1 561,60 DM. (12 200,00 ./. 2 440,00 = 9 760,00 + 1 561,60 (16 % USt) = 11 321,60 DM)

Heinzelmann (Kommissionär): hieraus abzuführende USt: 10 x 195,20 = 1 952,00 DM (12 200,00 + 1 952,00 (16 % USt) = 14 152,00 DM VoSt-Abzug: 1 561,60 DM

1.4 Stb. Vermietungsleistung von Beförderungsmitteln, vgl. § 3 a (1) UStG; § 3 a (3) und (4) UStG entfallen, vgl. § 3 a (4) Nr. 11 UStG. Somit Ort der Vermietungsleistung in Freiburg im Breisgau. USt-pflichtig, USt-Satz 16 %, vgl. § 12 (1) UStG. BMGL: 9 650,00 DM, vgl. § 10 (1) UStG. USt: 16 % von 9 650,00 = 1 544,00 DM VoSt-Abzug bleibt, da Abzugsumsatz

1.5 Der Verkauf des PKW ist ein stb. Hilfsgeschäft, vgl. § 1 (1) Nr. 1 UStG. Ort der Lieferung: Alfdorf. USt-frei nach § 4 Nr. 28 a UStG. Das Fahrzeug wurde ausschließlich für eine steuerfreie Tätigkeit nach § 4 Nr. 14 UStG und daneben ausschließlich für private Zwecke - steuerfrei nach § 4 Nr. 28 b UStG - verwendet. Somit entfällt Umsatzsteuer. VoSt-Abzug für in Rechnung gestellte USt beim neuen PKW und den Reisekosten nicht möglich, vgl. § 15 UStG.

1.6 Weihnachtsgeschenke an eigene Angestellte: stb. Lieferung nach § 1 (1) Nr. 1 b UStG. Fehlendes Entgelt unerheblich. Lieferort Düsseldorf. USt-pflichtig, da nicht USt-frei nach § 4 UStG. BMGL je Geschenk 80,00 DM (= Einkaufspreis), vgl. § 10 (4) Nr. 1 UStG. USt-Satz 16 %: USt: 12,80 DM. VoSt-Abzug bleibt.
Geburtstagsgeschenk (Blumenstrauß) an eigene Angestellte: nicht stb. Lieferung nach § 1 (1) Nr. 1 b UStG, da bloße Aufmerksamkeit. Preis je Blumenstrauß netto nicht über 30,00 DM.
Geburtstagsgeschenk an gute Kunden: jährlicher Aufwand je Kunde nicht über 75,00 DM netto, somit abzugsfähige Betriebsausgabe nach § 4 (5) Nr. 1 EStG.

1.7 Bei der Firma Richard Frank liegt eine nicht stb. Besorgungsleistung vor, vgl. § 3 (11) UStG. Nicht steuerbar deshalb, weil die besorgte Beförderungsleistung nach § 3 b (1) UStG i.V.mit § 1 (1) Nr. 1 UStG nicht steuerbar ist, da im Außengebiet bewirkt. VoSt-Abzug bleibt, vgl. § 15 UStG.

Fall 3

1.1 Es liegt für Dupanec eine steuerbare Beförderungslieferung vor, vgl. § 3 (6) UStG i.V. mit § 1 (1) Nr. 1 UStG. Lieferer Dupanec ist Schuldner der deutschen EUSt, deshalb kommt § 3 (8) UStG zur Anwendung. Lieferort: Deutschland. Lieferung somit steuerpflichtig, da nicht USt-befreit nach § 4 UStG. USt: 16 % von 40 000,00 DM = 6 400,00 DM.

Die Berger in Rechnung gestellte USt von 6 400,00 DM ist bei Berger als VoSt abzugsfähig. EUSt für Dupanec aber ebenfalls als VoSt abzugsfähig, vergleiche § 15 (1) Nr. 2 UStG.

1.2 Es liegt sowohl eine steuerbare Entnahme als auch eine steuerbare sonstige Leistung (fiktive Vermietungsleistung eines Beförderungsmittels) vor, vergleiche § 1 (2) Nr. a und Nr. b UStG i.V. mit § 1 (1) Nr. 1 UStG. Das gilt auch für die im Ausland privat gefahrenen Kilometer (Ort dieses Eigenverbrauchs auch Crailsheim, vergleiche § 3 a (1) UStG). Beide Arten des Eigenverbrauchs sind USt-pflichtig, da nicht nach § 4 UStG von der USt befreit.

Gegenstand:
USt: 16 % von 12 500,00 DM (= BMGL: Einkaufspreis
vergleiche § 10 (4) Nr. 1 UStG = 2 000,00 DM

Leistung:
USt: 16 % von 60 % von 6 400,00,
vergleiche § 10 (4) Nr. 2 UStG = 614,40 DM

1.3 Nicht steuerbarer Innenumsatz, kein echter Leistungsaustausch, somit § 1 (1) UStG nicht anwendbar → keine USt.

1.4 Der OHG-Gesellschafter Heinze ist nach § 2 UStG ein Unternehmer, deshalb ist er auch VoSt-abzugsberechtigt, sofern die Voraussetzungen nach § 14 (1) UStG vorliegen. Dies trifft hier zu. § 19 (1) UStG entfällt hier wegen Geltendmachung der VoSt ebenfalls.
Abzugsfähige VoSt somit: 16 % von 32 450,00 DM = 5 192,00 DM

Vermietungsleistung des PKW (Beförderungsmittel) durch Heinze steuerbar und steuerpflichtig, vergleiche § 1 (1) Nr. 1 UStG i.V.mit § 3 (9) UStG und § 3 a (1) UStG; Bruttoentgelt, d.h. einschließlich USt, 5 928,00 DM
Abzuführende USt: 16 % aus 5 928,00 DM = 817,65 DM

1.5 Franz Alt bewirkt eine steuerbare und steuerpflichtige Abhollieferung, vergleiche § 1 (1) Nr. 1 UStG i.V.mit § 3 (1) und (6) UStG. Aus der Gegenleistung des Kunden errechnet sich ein Entgelt in Höhe von 712,50 DM und eine USt in Höhe von 114,00. DM.

Bei der Zahlung der Angestellten an Franz Alt in Höhe von 256,50 DM handelt es sich um einen echten Schadenersatz, somit nicht steuerbar. Deshalb sind die Voraussetzungen des § 1 (1) Nr. 1 UStG hier nicht erfüllt.

1.6 Nicht steuerbares Reihengeschäft, da Lieferort Montreux (Schweiz), vergleiche § 3 (6) Satz 5 UStG i.V.mit § 1 (1) Nr. 1 UStG. Die Voraussetzungen des § 3 (8) UStG sind nicht erfüllt. Somit ist weder der Umsatz zwischen Marchand und Heim steuerbar noch der Umsatz zwischen Heim und Früh. Heim kann aber die EUSt als VoSt geltend machen.

1.7 Nicht steuerbare Werklieferung, da Ort der Werklieferung Zürich. Die Verschaffung der Verfügungsmacht erfolgt erst dort. Vgl. § 1 (1) Nr. 1 UStG i.V. mit § 3 (6) UStG i.V. mit Abschn. 27/29 UStR.

Die von Leo Huber in Rechnung fälschlicherweise ausgewiesene USt von 2 056,00 DM wird nach § 14 (2) UStG dem Finanzamt geschuldet.

Die Leistung durch den Spediteur Frank ist eine steuerbare, aber steuerfreie Beförderungsleistung von Stuttgart zur deutsch-schweizerischen Grenze und eine nicht steuerbare Beförderungsleistung von der deutsch-schweizerischen Grenze bis Zürich. Vgl. § 1 (1) Nr. 1 UStG i.V.mit §§ 3 (9),3 a (2) Nr. 2 und 4 Nr. 3 UStG.

1.8 a) Steuerbare und steuerpflichtige Lieferung vergleiche § 1 (1) Nr. 1 UStG i.V.mit § 3 (1) UStG und § 4 UStG.

UStG: 16 % von 370 000,00 DM = 59 200,00 DM so genannter Abzugsumsatz → VoSt-Abzug bleibt erhalten.

b) Steuerbare, aber USt-freie innergemeinschaftliche Lieferung, vergleiche § 1 (1) Nr. 1 UStG i.V.mit § 3 (1) UStG i.V.mit § 4 Nr. 1 b UStG. So genannter Abzugsumsatz, vergleiche § 15 (3) Nr. 1 a UStG,→ VoSt-Abzug bleibt erhalten.

c) Steuerbare Lieferungen, vergleiche § 1 (1) Nr. 1 UStG i.V.mit § 3 (6) UStG. Lieferort: Karlsruhe. So genannter Abzugsumsatz, vgl. § 15 (3) Nr. 2 a UStG → VoSt-Abzug bleibt erhalten.

d) Vermietung von 3 Garagen an Privat (nicht vorübergehend). Ort der Vermietungsleistung = Karlsruhe vergleiche § 3 a (2) Nr. 1 UStG. Steuerbare, steuerpflichtige Vermietungsleistung, vergleiche § 1 (1) Nr. 1 UStG i.V.mit § 4 Nr. 12 a S. 1 UStG.
Abzugsumsatz, VoSt-Abzug möglich.

Vermietung von 3 Garagen an Unternehmen für Unternehmenszwecke: Steuerbare und steuerpflichtige Vermietungsleistung, vergleiche § 1 (1) Nr. 1 UStG i.V.mit § 3 a (2) Nr. 1 UStG i.V.mit § 4 Nr. 12 a S.1 UStG.
USt: 16 % von (3 x 80 x 12) = 460,80 DM
Abzugsumsatz, somit Recht auf VoSt-Abzug.

Vermietung von 3 Garagen (nur kurzfristig): Steuerbare, aber steuerpflichtige Vermietungsleistung; steuerpflichtig wegen Kurzfristigkeit der Vermietung, vergleiche §§ 1 (1) Nr. 1, 3 a (2) Nr. 1, 4 Nr. 12 S. 1 und 2 UStG.

UStG: 16 % von 1 197,00 DM (= Bruttoentgelt) = 165,10 DM
(BMGL. 1 031,90 DM)
Abzugsumsatz, somit Recht auf VoSt-Abzug.

Fall 4

Aufgabe 1

a) Bruttoerlös   69 600,00 DM

   ./. USt (16 %)   9 600,00 DM

                                                         60 000,00 DM

   + Steuerpflichtige Kfz-Nutzung   2 100,00 DM

   = Steuerbare Umsätze   62 100,00 DM

b) ⇒ USt =   9 936,00 DM

c) ./. Vorsteuer   2 000,00 DM

   = USt-Zahllast   7 936,00 DM

   ./. Vorauszahlung   4 260,00 DM

   = Abschlusszahlung 1999   3 676,00 DM

Aufgabe 2

Ort der sonstigen Leistung		Entgelt der steuerbaren Leistung
a) Mainz	§ 3 a (2) Nr. 1	10 000,00 DM
b) Düsseldorf	§ 3 a (2) Nr. 4	1 100,00 DM
c) Stuttgart	§ 3 a (1)	1 300,00 DM
d) Bern (Schweiz)	§ 3 a (1)	0,00 DM

Aufgabe 3

Erlöse 16 %	netto 10 370,00 DM	USt	1 659,20 DM
Erlöse 7 %	netto 27 692,34 DM	USt	1 938,46 DM
Entnahmen 16 %	1 760,00 DM	USt	281,60 DM
Entnahmen 7 %	1 800,00 DM	USt	126,00 DM
Mieterlöse (16 %)			
(1 000 + 800 + 800) x 12	31 200,00 DM	USt	4 992,00 DM
Mieterlöse (steuerfrei)			
(600 + 600 + 600) x 12	21 600,00 DM		
Umsatzsteuer			8 997,26 DM

Vorsteuer

a) Obst- und Gemüsehandel   2 134,70 DM

b) Vermietung

   1. Dachreparatur
      $\frac{2\,600 \times 1\,600}{4\,400}$ 945,45 DM

   2. Schaufenster   3 200,00 DM

   3. unstrittig   <u>5 000,00 DM</u>   ./. <u>11 280,15 DM</u>

= ⇒ Erstattung   2 282,89 DM

Die Aufteilung der VorSt erfolgte gemäß Abschnitt 208 Abs. 3 UStR.

Der Gesamtumsatz beträgt 96 422,34 DM.

(Die steuerfreien Mieterlöse zählen auch zum Gesamtumsatz.)

Fall 5

		nicht steuerbar DM	steuerbar DM	steuerfrei DM	steuerpfl. DM
EG:					
Eigene Buchhandlung	120 qm	1 000,00			
Tierarzt	180 qm		2 000,00		2 000,00
I. OG:					
Kinderarzt	100 qm		2 000,00	2 000,00	
Rechtsanwalt	200 qm		2 000,00		2 000,00
II. OG:					
Steuerberater	100 qm		1 000,00		1 000,00
Studenten WG	200 qm		1 600,00	1 600,00	
gesamt	900 qm	1 000,00	8 600,00	3 600,00	5 000,00

Beim Kinderarzt ist die Berechnung der USt nicht möglich, da ihm kein Abzug der VorSt möglich ist.

Abziehbare Vorsteuer:

II. OG 1/3 von 3 000,00 (100 qm/300 qm)   1 000,00 Fenster
      2/3 (600 qm/900qm) von 2 400,00   1 600,00 Dachrinne
                                                            770,00 Büchereinkauf

Summe Vorsteuer   3 370,00 DM

Umsatzsteuer Buchhandel   8 400,00 DM

Umsatzsteuer Haus
5 000,00 x 16 %   +   800,00 DM   9 200,00 DM

                                                                         ./. 3 370,00 DM

USt-Zahllast November 1999   5 830,00 DM

Betriebliche Steuerlehre

Teil 4: Gewerbesteuer

Fall 1

I. Gewerbeertrag	DM
Handelsbilanzgewinn	820 000,00
Geschenke an Geschäftsfreunde (§ 4 (5) Nr. 1 EStG: FG überschritten 180 * 85,00	15 300,00
Privatmann Röder ist atyp. stiller Gesellschafter + als Aufwand gebuchter Gewinnanteil	4 800,00
Gewinn aus Gewerbebetrieb	840 100,00

§ 8 GewStG: Hinzurechnungen

Nr. 1: Zi.Darl.Erw.Bau:

Darlehnszinsen	32 400,00	
Disagio: 5 % von 480 000,00 für 3/4 Jahr	2 250,00	
Kontokorrentzinsen: 16 000,00 * 10 %	1 600,00	
Entgelte für DS insgesamt	36 250,00	
davon 50 %		18 125,00

Nr. 7: Gebäude Dortmund- außer Ansatz, da Grundbesitz		0,00
Einricht. Dortmund.- außer Ans.atz, da von GmbH gemietet		0,00
Miete Traktor	1 800,00	
davon die Hälfte		900,00

Nr. 8: Verlustanteil Schwarz KG	23 300,00
Summe	882 425,00

§ 9 GewStG: Kürzungen

Nr. 1: Grundbesitz 1,2 % von 189 000,00 =	2 268,00	
neues Grundst. außer Ansatz	0,00	
Nr. 5: Spenden:	22 000,00	
Summe Kürzungen		24 268,00
Gewerbeertrag		858 157,00

		DM
Übertrag: Gewerbeertrag		858 157,00
§ 11 (1) abgerundet		858 100,00
Freibetrag		./. 48 000,00
Gewerbeertrag		810 100,00

Steuermessbetrag:

24 000,00 DM 1 %	240,00 DM	
24 000,00 DM 2 %	480,00 DM	
24 000,00 DM 3 %	720,00 DM	
24 000,00 DM 4 %	960,00 DM	
714 100,00 DM 5 %	35 705,00 DM	38 105,00

II. Gewerbesteuerschuld

Zerlegung nach § 28 (1) Nr. 1 GewStG

	Arbeitslöhne	§ 31 (5)	§ 31 (2)	ergibt
Köln	228 742,00	47 500,00	36 141,00	240 101,00
Dortmund	43 114,00	2 500,00	17 344,00	128 270,00

1. Fortsetzung	§ 29 (3)	in %		Messbetragsanteil
Köln	240 000,00	65,22		24 852,08
Dortmund	28 000,00	34,78		13 252,92
insg.		100,00		38 105,00

2. Fortsetzung		Hebesatz in %		GewSt-Schuld
Köln		360		89 467,49
Dortmund		320		42 409,34
				131 876,83

Fall 2

	DM
Gewinn lt. Handelsbilanz	620 640,00
+ Spende pol. Partei (keine BA mehr)	5 000,00
Spende FWV	2 000,00
VZ KSt	230 000,00
NZ VSt	7 400,00
Geschäftsführergehalt Ges. Weiß vGA	85 000,00
Bewirtung 20 % von 17 500,00 nicht abzf.BA	3 500,00
Steuerlicher Gewinn	953 540,00

I. Gewerbeertrag

			DM
Steuerlicher Gewinn			953 540,00
+ GewSt-VZ 1999			142 000,00
GewSt-NZ 1998			0,00
			1 095 540,00

+ Hinzurechnungen § 8 GewStG

Nr.1:	Zinsen Erweitkr.	11 000,00		
	Damnum "	6 000,00		
	Provision "	850,00		
	Zinsen Kontokorrent			
	12 % von 24 000,00	2 880,00		
	Zinsen Darlehen	9 400,00		
		30 130,00	1/2	15 065,00
Nr.3:	Gewinnanteil typ.st.Ges.Roth			9 000,00
	Gewinnanteil typ.st.Ges.Weller			
	(im BV des Weller enthalten)			0,00
Nr.7:	Miete Computer außer Ansatz,			
	da Vermietung GmbH			0,00
	Miete Lagerhalle außer Ansatz,			
	da Grundbesitz			0,00
	Miete Maschine 6 500,00	1/2		3 250,00
	Miete Teilbetrieb Singen 256 000,00			
	(ohne Miete für Grundbesitz) 1/2			128 000,00
Nr.9:	Wiss.Spende			2 000,00
	Gemeinnützige Spende			500,00
	Mildtätige Spende			3 000,00
				1 258 355,00

	DM
Übertrag:	1 258 355,00

./. Kürzungen § 9 GewStG

Nr.1: 1,2 % von 420 000,00 EW Grundst. I	5 040,00
Betriebsgrundst. II am Stichtag	
noch nicht vorhanden	0,00
Nr. 2: Gewinnanteil Braun KG	21 090,00
Nr.2a: Gewinnanteil Vertriebs-GmbH	
(4.638,37 + 1.575,00 + 86,63 + 2 700,00)	9 000,00
	1 222 415,00
Nr.5: Wiss.Spende	2 000,00
Gemeinnützige Spende	2 500,00
Mildtätige Spende	3 000,00
Gewerbeertrag	1 214 915,00
kein Freibetrag, da GmbH	1 214 900,00

II. Gewerbesteuerrückstellung

320 % von 60 745,00 = 19 438,40 : 116 = 167 572,41 DM Jahresschuld
./. VZ 1999   142 000,00

Rückstellung   25 573,00

Fall 3

DM

I. Ermittlung Gewerbeertrag

Gewinn *)		89 120,00
zuzüglich Vorauszahlung (4 120,00 x 4)		16 480,00
		105 600,00

*) Geschäftsführergehalt ist Betriebsausgabe (Tz 5)

+ Hinzurechnung § 8

§ 8 Nr. 1
TZ 1:   DS 10 400,00 x 13,5 % =
         1 404,00 x 1/2   + 702,00

TZ 4:   DS 120 000,00 x 8 %
         9 600,00 1/2   + 4 800,00
         4 800,00 Damnum LZ 6 3/4 Jahre
         pro Jahr 711,11 davon 1/2   + 355,00   + 5 857,00

§ 8 Nr. 7
TZ 2:   Grundbesitz   0,00

TZ 3:   keine deutsche GewSt der SwissCom
         Miete 12 000,00   + 6 000,00

§ 8 Nr. 9
TZ 6:   bei GmbH   + 2 000,00

                                                  119 457,00

./. Kürzungen § 9

§ 9 Nr. 1   keine Kürzung, Grundstück nicht
            im BV der GmbH   0,00

§ 9 Nr. 5   Spende < HB   ./. 2 000,00

                                                  117 457,00

abgerundet   117 400,00

kein Freibetrag   0,00

                                                  117 400,00

Steuermessbetrag nach dem Gewerbeertrag 5 %   5 870,00

II. Gewerbesteuer-Rückstellung:	DM
StMB	5 870,00
x Hebesatz 415 %	24 360,50
davon 5/6 =	20 300,42
./. Vorauszahlung	<u>16 480,00</u>
Rückstellung 1999	3 821,00

Fall 4

	DM
Ermittlung des Gewerbeertrages auf Grund	
"Vorläufiger" StB-Gewinn	101 800,00
+ Gehalt an Gustav Mayer (nicht abz., da EU)	72 000,00
+ Gewinnanteil "Kurz" (nicht abz., da atyp. stiller Ges.)	12 500,00
+ Spenden für wiss. und kult. Zwecke (keine Gewinnminderung beim EU)	6 175,00
berichtigter "vorläufiger" StB-Gewinn	192 475,00
+ GewSt-Vorauszahlung für 1999	18 200,00
+ Hinzurechnung nach § 8 GewStG	
Nr. 1: Ansatz der Kontokorrentzinsen (Hälfte) (15 % von 45 650,00 DM)	3 423,75
Nr. 3: Stiller Gesellschafter	4 800,00
Nr. 7: hälftiger Mietansatz für Computeranlage, da Vermieter nicht gewerbesteuerpflichtig	2 100,00
Nr. 8: Verlustanteil aufgrund KG-Beteiligung	13 010,00
insgesamt	234 008,75
./. Kürzungen nach § 9 GewStG	
Nr. 1: 1.2 % von 329 280,00 DM (= 140 %)	3 951,36
Nr. 5: Spenden für wiss. und kult. Zwecke (soweit Betrieb entnommen)	6 175,00
Gewerbeertrag	223 882,39
auf volle 100,00 DM abgerundet	223 800,00
./. FB nach § 11 (1) GewStG	48 000,00
Maßgeblicher Gewerbeertrag	175 800,00

Ermittlung des Gewerbesteuer-Messbetrages   DM

Steuermessbetrag aus Gewerbeertrag
5 % von 175 800,00 DM   8 790,00

Zerlegung des einheitlichen Gewerbesteuermessbetrages

	Rastatt		Esslingen	
AL	210 535,00		60 217,00	
+ UL	30 000,00	(3/5)	20 000,00	(2/5)
insgesamt	240 535,00		80 217,00	

abgerundet auf
volle 1 000,00 DM   240 000,00   (=3/4)   80 000,00   (=1/4)

Anteiliger Gewerbemessbetrag

für AL:

8 790,00	6 592,50	(3/4)	2 197,50	(1/4)
x Hebesatz	300 %		350 %	
= "vorl." GewSt	19 777,50		7 691,25	
: Divisor	1,15		1,175	
= "endgültige" GewSt	17 197,83		6 545,74	

Gewerbesteuer-Rückstellung: 23 744,00 ./. 18 200,00 =   5 544,00

Fall 5

DM

I. Gewerbeertrag

Gewinn			360 000,00

+ Hinzurechnungen § 8

Nr. 4	Entgelte für Darlehen Volksbank vergleiche R 45 (1) GewStR ff.		10 400,00	
	Disagio (1/5 ARAP)		2 000,00	
Nr. 5	Zinsen für Darlehen KSK		14 300,00	
Nr. 6	Zinsen für Girokonto KSK vergleiche Abschnitt 45 (7) GewStR			
	Mindestschuld	18 000,00		
	1/2 Jahr 8 % =	720,00		
	1/2 Jahr 8,5 % =	765,00	1 485,00	
	Hälfte von		28 185,00	14 092,00
Nr. 2	Gewinnanteile stiller Gesellschafter Teil des gewerblichen Gewinns, da atypischer stiller Gesellschafter (Mitunternehmer) (im Gewinn enthalten!!)			
Nr. 3	Miet-/Pachtzinsen EDV-Anlage beim Empfänger kein Gewerbeertrag (Ausland)		5 250,00	
Nr. 1	Miet-/Pachtzinsen Kranwagen (Nr. 1) Empfänger ist Privatperson		9 100,00	
	Miet-/Pachtzinsen Grundstück (Nr. 7) nicht bei Grundbesitz		0,00	
	Hälfte von		14 350,00	7 175,00
				381 267,00

Kürzungen: DM

1,2 % des betrieblich genutzten Grundbesitzes:

Nr. 8 Betriebsgrundstück EW 175 000,00 x 1,4 = 245 000,00

Nr. 9 Betriebsgrundstück: kein Ansatz,
§ 20 GewStDV =   0,00

Nr. 10 Betriebsgrundstück EW 90 000,00 x 1,4
= 126 000,00; davon 16 % =   20 160,00
vergleiche R 59 (1) GewStR

Nr. 11 Betriebsgrundstück EW 130 000,00 x 1,4
= 182 000,00; davon 55 % =   100 100,00

1,2 % von   365 260,00   4 383,00

Nr. 12 Miet-/Pachterträge wären nur im Fall
des § 8 (7) GewStG zu kürzen!   0,00

Gewerbeertrag (abgerundet auf volle 100 DM)   376 800,00

./. Freibetrag   48 000,00

                                                                 328 800,00

Übertrag: 328 800,00
./. (4 x 24 000,00)   96 000,00   2 400,00
                       232 800,00   5 %   11 640,00

Steuermessbetrag Gewerbeertrag   14 040,00

Zerlegung

Friedrichshafen 628 000,00 = 62,61 %   8 790,00   310 %   27 294,00
Tettnang   375 000,00 = 37,39 %   5 250,00   290 %   15 225,00
                                        14 040,00   42 474,00

(Tantieme und Ausbildungsvergütungen bleiben außer Betracht.
Für Friedrichshafen sind 50 000,00 DM "Mitunternehmerlohn" zu
berücksichtigen.)

Betriebliche Steuerlehre

Teil 5: Erbschaftsteuer

Fall 1

DM

Bewertung unbebauter Grundstücke (§ 145 Abs. 3 BewG)

1. Fläche qm   Bodenrichtwert
                   01.01.1996
                   DM je qm
       833   x   450,00   x 80 v.H. =   299 880,00

2. Max. nachgewiesener Wert (§ 145 Abs. 3 S. 3 BewG)

    Steuerwert für Erbschaftsteuer/Schenkungsteuer
    - niedriger Wert aus 1. und 2. abgerundet
      auf 1 000,00 DM nach unten (§ 139 BewG) -   299 000,00

Fall 2

Bewertung unbebauter Grundstücke (§ 145 Abs. 3 BewG)

1. Fläche qm   Bodenrichtwert
                   01.01.1996
                   DM je qm
       833   x   450,00   x 80 v.H. =   299 880,00

.   Max. nachgewiesener Wert (§ 145 Abs. 3 S. 3 BewG)   240 000,00

    Steuerwert für Erbschaftsteuer/Schenkungsteuer
    - niedriger Wert aus 1. und 2. abgerundet
      auf 1 000,00 DM nach unten (§ 139 BewG) -   240 000,00

Fall 3

Ertragswertverfahren für bebaute Grundstücke § 146 BewG

1. Jahreskaltmiete (§ 146 Abs. 2 BewG)/übliche Miete
    (§ 146 Abs. 3 BewG) - 3 Jahre vor Besteuerungszeitpunkt
    oder kürzerer Zeitraum -

        1. Jahr   40 400,00
        2. Jahr   44 500,00
        3. Jahr   48 300,00

              133 200,00 : 3 = durchschnittl. Jahresmiete   44 400,00

2.	durchschnittl. Jahresmiete	§ 146 Abs. 2 Bew.G	§ 146 Abs. 5 BewG		DM
	44 400,00	x 12,5	(x 15 bei EFH, ZFH) =		555 000,00

3. Wertminderung wegen Alters (§ 146 Abs. 4 BewG)

Anzahl der vollendeten Jahre
seit Bezugsfertigkeit April 1967
Besteuerungszeitpunkt September 1999 (max. 25 v.H.)

3.1   32   x   0,5 v.H. =   16 v.H.

3.2 Betrag von 2.   Prozentsatz 3.1
    555 000,00   x   16 v.H.   =   ./. 88 800,00

4. Vorläufiger Grundstückswert   466 200,00

5. Mindestwert (§ 146 Abs. 6 BewG) = 80 v.H.
   des Wertes des Grund und Bodens

   833 qm   x   450,00 DM je qm   x 80 v.H.   =   299 880,00

6. Endgültiger Grundstückswert
   (höherer Wert aus 4. und 5.)   466 200,00

7. Maximal nachgewiesener Verkehrswert
   § 146 Abs. 7 BewG)   1 000 000,00

   Steuerwert für Erbschaftsteuer/Schenkungsteuer
   - niedrigerer Wert aus 6. und 7. abgerundet
     auf 1 000,00 DM nach unten (§ 139 BewG) -   466 000,00

Fall 4

DM

Ertragswertverfahren für bebaute Grundstücke § 146 BewG

1. Jahreskaltmiete (§ 146 Abs. 2 BewG) / übliche Miete
   (§ 146 Abs. 3 BewG) - drei Jahre vor Besteuerungszeitpunkt
   oder kürzerer Zeitraum -   1. Jahr
                                 2. Jahr
                                 3. Jahr
   Summe   : 3   =   durchschnittl. Jahresmiete 28 080,00
   (180 qm x 13,00 DM = 2 340,00 DM x 12 Monate =   28 080,00

2. durchschnittl.   § 146 Abs. 2   § 146 Abs. 5
   Jahresmiete   BewG   BewG
   28 080,00   x 12,5   (x 15 bei EFH; ZFH) =   421 200,00
                       (12,5 % + 20 % Zuschlag)

3. . Wertminderung wegen Alters (§ 146 Abs. 4 BewG)
   Anzahl der vollendeten Jahre
   seit Bezugsfertigkeit März 1937
   Besteuerungszeitpunkt Mai 1999   (max. 25 v.H.)

3.1   62 x 0,5 v.H. = 31 %, also max.   25 v.H.

3.2 Betrag von 2.   Prozentsatz 3.1
    421 200,00   x   25 v.H.   105 300,00

4. Vorläufiger Grundstückswert   315 900,00

5. Mindestwert (§ 146 Abs. 6 BewG) =   80 v.H.
   des Wertes des Grund und Bodens
   833 qm   x   450,00 DM je qm x 80 v.H.   =   298 800,00

6. Endgültiger Grundstückswert
   (höherer Wert aus 4. und 5.)   315 900,00

7. Maximal nachgewiesener Verkehrswert
   (§ 146 Abs. 7 BewG)   600 000,00

   Steuerwert für Erbschaftsteuer/Schenkungsteuer
   - niedrigerer Wert aus 6. und 7. abgerundet
     auf 1 000,00 DM nach unten (§ 139 BewG) -   315 000,00

Fall 5

DM

Sonderfälle (§ 147 BewG) - bebaute Grundstücke -

1. Wert des Grund und Bodens (§ 147 Abs. 2 S. 1 BewG)

Fläche qm	Bodenrichtwert 01.01.1996 DM je qm		
2 104	210,00	x 70 v.H.	309 288,00

2. Wert des Gebäudes (§ 147 Abs. 2 S. 2 BewG)
nach ertragsteuerlichen Bewertungsvorschriften
im Besteuerungszeitpunkt 1 240 000,00

Steuerwert für Erbschaftsteuer/Schenkungsteuer
- Summe 1. + 2. abgerundet auf 1 000,00 DM
nach unten (§ 139 BewG) - 1 549 000,00

Fall 6

Erbbaurecht und Gebäude auf fremden Grund und Boden
(§ 148 BewG)

1. Belastetes Grundstück (§ 148 Abs. 1 S. 1 BewG)

   Jährlicher Erbbauzins
   im Besteuerungszeitpunkt

   14 640,00   x   18,6   =   272 304,00

   Steuerwert für Erbschaftsteuer/Schenkungsteuer
   abgerundet auf 1 000,00 DM nach unten (§ 139 BewG) 272 000,00

2. Erbbaurecht/Gebäude auf fremden Grund und Boden

   2.1 Wert nach § 146 (2) oder § 147 BewG (3)
        siehe Fall 3 .... 466 200,00

   2.2 abzüglich Wert nach Nr. 1 (nicht abgerundet) ..../. 272 304,00

   Steuerwert für Erbschaftsteuer/Schenkungsteuer
   abgerundet auf 1 000,00 DM nach unten
   (§ 139 BewG) 193 000,00

Fall 7

Grundstück im Zustand der Bebauung (§ 149 BewG)

DM

1. Wert des bisherigen Grundstücks, ohne die nicht bezugsfertigen Gebäude oder Gebäudeteile,

   wenn unbebaut — Wert nach § 145 Abs. 3 BewG (1)   299 880,00

   wenn bebaut   — Wert nach § 146 BewG (2)
   oder nach § 147 BewG (3)
   (fehlt im Gesetz)

zuzüglich

2. Gebäudewert (§ 149 Abs. 1 S. 1 BewG)

2.1 Wert nach § 146 BewG

   übliche Miete nach § 146 Abs. 2/5
   Bezugsfertigkeit   BewG

   45 100,00   x   12,5/15   x   80 v.H.   451 000,00

2.2 Herstellungskosten bis zum
   $\dfrac{\text{Besteuerungszeitpunkt} \ast \times 100}{\text{gesamte Herstellungskosten}}$

   $\dfrac{660\,000{,}00}{860\,000{,}00}$ x   100   =   77 v.H.

       2.1   2.2

   451 000,00   x   77 v.H.   =   347 270,00

3. Grundstückswert (Summe 1 und 2)   647 150,00

∗ Ist die übliche Miete nicht zu ermitteln, gelten nach
§ 149 Abs. 2 BewG die Herstellungskosten bis zum
Besteuerungszeitpunkt als Gebäudewert.

Fall 8

DM

Ertragswertverfahren für bebaute Grundstücke § 146 BewG

1. Jahreskaltmiete (§ 146 Abs. 2 BewG)/übliche Miete
 (§ 146 Abs. 3 BewG) - 3 Jahre vor Besteuerungszeitpunkt
 oder kürzerer Zeitraum   1. Jahr
                                                 2. Jahr
                                                 3. Jahr
 Summe   : 3 = durchschnittl. Jahresmiete   540 000,00

2. durchschnittl.   § 146 Abs. 2   § 146 Abs. 5
 Jahresmiete   BewG   BewG
 540 000,00   x   12,5   (x 15 bei EFH, ZFH) =   6 750 000,00

3. Wertminderung wegen Alters (§ 146 Abs. 4 BewG)

 Anzahl der vollendeten Jahre
 seit Bezugsfertigkeit Mai 1985
 Besteuerungszeitpunkt Juni 1999   (max. 25 v.H.)

3.1   14   x   0,5 v.H. =   7 v.H.

3.2 Betrag von 2.   Prozentsatz 3.1

 6 750 000,00   x   7 v.H.   ./.   472 500,00

4. Vorläufiger Grundstückswert   6 277 500,00

5. Mindestwert (§ 146 Abs. 6 BewG) = 80 v.H.
 des Wertes des Grund und Bodens
 2 500 qm   x   450,00 je qm   x   80 v.H.   =   900 000,00

6. Endgültiger Grundstückswert
 (höherer Wert aus 4. und 5.)   6 277 500,00

7. Maximal nachgewiesener Verkehrswert
 § 146 Abs. 7 BewG)

 Steuerwert für Erbschaftsteuer/Schenkungsteuer
 - niedrigerer Wert aus 6. und 7. abgerundet
    auf 1 000,00 DM nach unten (§ 139 BewG) -   6 277 000,00

Sonderfälle (§ 147 BewG) - bebaute Grundstücke -

                                             DM

1. Wert des Grund und Bodens (§ 147 Abs. 2 S. 1 BewG)

Fläche qm	Bodenrichtwert 01.01.1996 DM je qm		
4 050	190,00	x 70 v.H.	538 650,00

2. Wert des Gebäudes (§ 147 Abs. 2 S. 2 BewG)
nach ertragsteuerlichen Bewertungsvorschriften
im Besteuerungszeitpunkt   2 450 000,00
                              2 988 650,00

Steuerwert für Erbschaftsteuer/Schenkungsteuer
- Summe 1. + 2. abgerundet auf 1 000,00 DM   6 277 000,00
nach unten (§ 139 BewG) -   9 265 000,00

ALTERNATIVE

Sonderfälle (§ 147 BewG) - bebaute Grundstücke -

1. Wert des Grund und Bodens (§ 147 Abs. 2 S. 1 BewG)

Fläche qm		Bodenrichtwert 01.01.1996 DM je qm			
2 500		450,00		70 v.H.	787 500,00
4 050	x	190,00	x 70 v.H.	=	538 650,00
					1 326 150,00

2. Wert des Gebäudes (§ 147 Abs. 2 S. 2 BewG)
nach ertragsteuerlichen Bewertungsvorschriften
im Besteuerungszeitpunkt   2 180 000,00
                               760 000,00
                               740 000,00
                             2 450 000,00

Steuerwert für Erbschaftsteuer/Schenkungsteuer
- Summe 1. + 2. abgerundet auf 1 000,00 DM   7 456 150,00
nach unten (§ 139 BewG) -   7 456 000,00

Im Gesetz ist die Behandlung von Grundstücken, bei denen für Teile der Ertragswert (Bürogebäude) und für Teile kein Ertragswert (Fabrikgebäude) ermittelt werden kann, nicht geregelt. Denkbar ist eine Mischbewertung (§§ 146, 147 BewG) oder aber die Bewertung des gesamten Grundstücks nach § 147 BewG.

FALL 9

Steuerpflicht

Die Tochter ist persönlich erbschaftsteuerpflichtig, weil sie als natürliche Person ihren Wohnsitz im Inland (Karlsruhe) hat (§ 2 Abs. 1 Nr. 1 ErbStG) und der Erwerb von Todes wegen ein steuerpflichtiger Vorgang ist (§ 1 Abs. 1 Nr. 1 ErbStG). Es handelt sich dabei um einen Erwerb durch Erbanfall (§ 3 Abs. 1 Nr. 1 ErbStG, § 1922 BGB).

Die Steuer entsteht bei Erwerben von Todes wegen mit dem Tod des Erblassers (§ 9 Abs. 1 Nr. 1 a ErbStG). Bewertungsstichtag ist nach § 11 ErbStG der 01.11.1999 (Sterbetag), weil an diesem Tag die Steuer entsteht.

Die Tochter gehört zur Steuerklasse I (§ 15 Abs. 1 Nr. 2 ErbStG). Ihr steht deshalb ein persönlicher Freibetrag von 400 000,00 DM zu (§ 16 Abs. 1 Nr. 2 ErbStG). Die Tochter ist Steuerschuldnerin, weil sie Erwerberin des Nachlasses ist (§ 20 Abs. 1 ErbStG).

Der Erbschaftsteuer unterliegt der steuerpflichtige Erwerb i.S. des § 10 ErbStG. Dieser bemisst sich nach der Bereicherung des Erwerbers, soweit sie nicht steuerfrei ist (§ 10 Abs. 1 Satz 1 ErbStG).

Ermittlung des steuerpflichtigen Erwerbs

1. Lebensversicherung

Der Lebensversicherungsanspruch gehört zum steuerpflichtigen Erwerb, weil der Anspruch ein Erwerb von Todes wegen (§ 1 Abs. 1 Nr. 1 ErbStG) ist und dazu auch ein Vermögensvorteil gehört, der auf Grund eines vom Erblasser geschlossenen Vertrages bei dessen Tode von einem Dritten unmittelbar erworben wird (§ 3 Abs. 1 Nr. 4 ErbStG).

Die Bewertung des Anspruchs richtet sich nach § 12 Abs. 1 ErbStG i.V. mit §§ 13 ff. BewG. Die Rente ist eine wiederkehrende Nutzung und Leistung, die einerseits auf bestimmte Zeit (höchstens 15 Jahre) und zusätzlich vom Leben der Tochter abhängt. Es handelt sich um eine lebensabhängige Höchstzeitrente. Der Kapitalwert der auf bestimmte Zeit beschränkten Leistung bestimmt sich nach § 13 Abs. 1 BewG i.V. mit Anlage 9 a zum BewG. Der Kapitalwert ergibt sich durch Multiplikation des Jahreswertes mit dem für eine Laufzeit von 15 Jahren geltenden Vervielfältiger.

Berechnung:
Vervielfältiger   10,314
Jahreswert   500,00 DM x 12   6 000,00 DM
Kapitalwert   6 000,00 DM x 10,314 =   61 884,00 DM

Die Rente ist außerdem durch das Leben einer Person begrenzt, so dass der Kapitalwert nach § 14 BewG nicht überschritten werden darf (§ 13 Abs. 1 Satz 2 BewG). Nach § 14 Abs. 1 BewG ist als Kapitalwert das Vielfache des Jahreswertes anzusetzen, das sich aus der Anlage 9 zum BewG ergibt. Dabei ist das Alter und das Geschlecht der jeweiligen Person maßgebend. Die Tochter hat im Besteuerungszeitpunkt 01.11.1999 ihr 40. Lebensjahr bereits vollendet, weil das Lebensjahr jeweils mit dem Tag vor dem Geburtstag vollendet wird (§§ 108 AO, 187 ff. BGB).
Vervielfältiger 14.945

Die Rente ist folglich mit dem niedrigeren Wert (mit dem wahrscheinlicheren Wert) von 61 884,00 DM anzusetzen.

2. Betrieb der Land- und Forstwirtschaft

Der Betrieb der Land- und Forstwirtschaft ist mit dem land- und forstwirtschaftlichen Grundbesitzwert von 700 000,00 DM anzusetzen (§ 12 Abs. 3 ErbStG). Das land- und forstwirtschaftliche Vermögen gehört in vollem Umfang zum begünstigten Vermögen i.S. des § 13 a Abs. 4 Nr. 2 ErbStG, weil im Grundbesitzwert kein Wohnteil enthalten ist (§ 141 Abs. 1 Nr. 1 und 2 BewG).

Der Traktor gehört zum Betrieb der Land- und Forstwirtschaft (§ 140 Abs. 1, § 33 Abs. 1 BewG), weil er dauernd einem solchen Betrieb zu dienen bestimmt ist. Der Wert des Traktors ist durch das pauschalierende Bewertungsverfahren der §§ 140 ff. BewG mit dem Grundbesitzwert abgegolten.

Im Grundbesitzwert ist die Kaufpreisschuld von 500 000,00 DM nicht enthalten (§ 140 Abs. 1 i.V. mit § 33 Abs. 3 Nr. 2 BewG). Die Kaufpreisschuld ist als Nachlassverbindlichkeit abzugsfähig; jedoch nach § 10 Abs. 6 Satz 5 ErbStG nur mit dem Betrag, der dem steuerpflichtigen Teil entspricht (nach Berücksichtigung des § 13 a ErbStG).

Die Schulden können nur anteilig berücksichtigt werden.

$$\frac{60\ \%\ \times\ 700\ 000{,}00}{700\ 000{,}00} \times 500\ 000{,}00 = 300\ 000{,}00\ \text{DM}$$

3. Gewerbebetrieb

Zur Bewertung des Betriebsvermögens ist eine Vermögensaufstellung zu fertigen. In der Vermögensaufstellung sind die Wirtschaftsgüter und Schulden grundsätzlich dem Grunde (§ 12 Abs. 5 ErbStG i.V. mit § 95 Abs. 1 BewG) und der Höhe nach (§ 12 Abs. 5 ErbStG i.V. mit § 109 Abs. 1 BewG) mit dem Steuerbilanzwert anzusetzen. Nach § 98 a BewG i.V. mit § 12 Abs. 3 ErbStG ergibt sich der Wert des Betriebsvermögens, indem die Summe der Wirtschaftsgüter und sonstigen aktiven Ansätze (Rohbetriebsvermögen) um die Summe der Schulden und sonstigen Abzüge gemindert wird, wobei die Vorschriften über die Bedingung und Befristung (§§ 4 bis 8 BewG) nicht anzuwenden sind.

Zu 1./2. Grundstück

Eine Ausnahme vom Grundsatz "Übernahme der Steuerbilanzwerte in die Vermögensaufstellung" gilt für Grundstücke. Das Verwaltungsgebäude gehört dem Grunde nach als Betriebsgrundstück zum Betriebsvermögen, weil es zu mehr als der Hälfte seines Wertes zu eigenen betrieblichen Zwecken genutzt wurde (§ 12 Abs. 5 ErbStG, § 95 Abs. 1 i.V. mit § 99 Abs. 2 BewG). Als Wert ist bei Betriebsgrundstücken nicht der Steuerbilanzwert, sondern der Grundbesitzwert anzusetzen (§ 12 Abs. 5 i.V. mit Abs. 3 ErbStG und i.V. mit §§ 138 ff. BewG).

Der Grundbesitzwert ist im Ertragswertverfahren zu ermitteln, weil für das Grundstück die übliche Miete ermittelt werden kann und deshalb kein Sonderfall des § 147 BewG vorliegt (vergleiche § 147 Abs. 1 BewG i.V. mit § 146 Abs. 3 BewG).

Der Grundbesitzwert ist wie folgt zu berechnen:

Bewertung im Ertragswertverfahren:
Ansatz der üblichen Miete als Jahresmiete, weil das Grundstück selbst genutzt wird, § 146 Abs. 3 BewG

Jahresmiete (§ 146 Abs. 3 BewG)
15,00 DM x 12 Monate   x   500 qm Nutzfläche   =   90 000,00 DM

Jahresmiete   x Vervielfältiger
90 000,00 DM x   12,5   =   1 125 000,00 DM

Alterswertminderung (§ 146 Abs. 4 BewG)
Jahr der Bezugsfertigkeit   01.04.1972
Besteuerungszeitpunkt   01.11.1999
Alter in Jahren   27

Alterswertminderung 27 Jahre 0,5 %   13,50 %
maximale Alterswertminderung   25,00 %
tatsächlich abzuziehen mithin   13,50 %   ./. 151 875,00 DM
Grundstückswert nach Alterswertminderung   973 125,00 DM
Grundstückswert, abgerundet nach § 139 BewG   973 000,00 DM

Mindestwertprüfung (§ 146 Abs. 7 BewG)
mindestens ist anzusetzen:
(Grundstücksfläche x Bodenrichtwert x 80 %)
            2 000 qm
    x   70,00 DM
    x   80 %   =   112 000,00 DM
            abgerundet nach § 139 BewG   112 000,00 DM

Der Mindestwert ist also nicht anzusetzen.

Zu 9. Rücklage

Eine weitere Ausnahme vom Grundsatz der Übernahme der Bilanzposten dem Grunde und der Höhe nach in die Vermögensaufstellung gilt für Rücklagen. Rücklagen dürfen grundsätzlich nicht in die Vermögensaufstellung übernommen werden, weil sie Eigenkapitalcharakter haben (§ 12 Abs. 5 ErbStG, § 103 Abs. 3 BewG). Das Abzugsverbot gilt auch für eine Rücklage nach § 6 b EStG.

Übrige Bilanzposten

Wegen der grundsätzlichen Übernahme der Steuerbilanzwerte in die Vermögensaufstellung ergeben sich bei den übrigen Bilanzpositionen keine Besonderheiten. Dies gilt insbesondere für die Foderungen, die einschließlich der Wertberichtigungen zu übernehmen sind und auch für die Rückstellungen für Jahresabschlusskosten (§ 103 Abs. 1 BewG).

Das Kapital selbst ist nicht abzugsfähig, weil es keine Schuld i.S. des § 103 Abs. 1 BewG ist.

Vermögensaufstellung 01.11.1999

1./2.	Grund und Boden/Gebäude	973 000,00 DM	
3.	Betriebs- und Geschäftsausstattung	30 000,00 DM	
4.	GWG	1,00 DM	
5.	Forderungen	300 000,00 DM	
6.	Bank	500 000,00 DM	
7.	Kasse	69 999,00 DM	1 873 000,00 DM
8.	Kapital	0,00 DM	
9.	Rücklagen nach § 6 b EStG	0,00 DM	
10.	Rückstellung	5 000,00 DM	
11.	Verbindlichkeiten	120 000,00 DM	125 000,00 DM
			1 748 000,00 DM

4. Einfamilienhaus

Das Einfamilienhaus ist bei der Erbschaftsteuer mit dem Grundbesitzwert anzusetzen (§ 12 Abs. 3 ErbStG, §§ 138 ff. BewG). Das Einfamilienhaus ist im Rahmen einer Bedarfsfeststellung i.S. des § 138 BewG im Ertragswertverfahren zu bewerten, weil es zu eigenen Wohnzwecken genutzt wird und die übliche Miete ermittelt werden kann (§ 146 Abs. 3 BewG).

Als übliche Jahresmiete ist die durchschnittliche Nettokaltmiete maßgebend. Dabei handelt es sich um die Miete, die auf dem örtlichen Wohnungsmarkt erzielbar ist, wobei die Betriebskosten nicht in die Berechnung einzubeziehen sind (§ 146 Abs. 3 Satz 22. Halbsatz BewG). Die Miete des Mietpreisspiegels von 10,00 DM ist um den Zuschlag von 10 % auf 11,00 DM zu erhöhen, weil diese Miete laut Mietpreisspiegel für freistehende Einfamilienhäuser gezahlt wird. Davon wird der Zuschlag von 20 % nicht berührt, der nach § 146 Abs. 5 BewG erforderlich ist.

Der Grundbesitzwert berechnet sich wie folgt:

Jahresmiete 11,00 DM (einschließlich Zuschlag für Einfamilienhäuser)
    x 12 Monate
    x 132 qm Wohnfläche =   17 424,00 DM

Jahresmiete x Vervielfältiger 17 424,00 x 12,5 =   217 800,00 DM

Alterswertminderung:
Als Wertminderung wegen Alters ist für jedes Jahr, das seit Bezugsfertigkeit des Gebäudes bis zum Besteuerungszeitpunkt vollendet worden ist, 0,5 vom Hundert abzuziehen. Höchstens sind jedoch 25 vom Hundert abzuziehen (§ 146 Abs. 4 BewG).

Nach dem Sachverhalt sind keine baulichen Maßnahmen erkennbar, die nach Bezugsfertigkeit durchgeführt wurden und die gewöhnliche Nutzungsdauer des Gebäudes um mindestens 25 Jahre verlängert haben. Deshalb kommt bei der Wertminderung wegen Alters auch keine Verlängerung der gewöhnlichen Nutzungsdauer in Betracht.

Jahr der Bezugsfertigkeit   1953
Besteuerungszeitpunkt   01.11.1999
Alter in Jahren   46

Bei der Bestimmung der Alterswertminderung zählt das Jahr der Bezugsfertigkeit voll mit.

Alterswertminderung mithin 46 Jahre x 0,5 % =   23 %
maximale Alterswertminderung   25 %
tatsächlich abzuziehen   23 %
23 % x 217 800,00 =   50 094,00 DM
Grundstückswert nach Alterswertminderung   167 706,00 DM

Zuschlag für Gebäude mit nicht mehr als zwei Wohnungen (§ 146 Abs. 5 BewG):

Der Zuschlag von 20 % nach § 146 Abs. 5 BewG ist trotz des Arbeitszimmers anzusetzen, weil ein Arbeitszimmer keine dem Wohnzweck widersprechende Nutzung aufweist und somit das Gebäude nicht anderen als Wohnzwecken dient (vergleiche Rd.-Nr. 53 des Erlasses zur Bewertung der bebauten Grundstücke im Ertragswertverfahren (§ 146 BewG), BStBl 1997 I, S. 592).

20 % x 167 706,00	33 541,00 DM
Grundstückswert	201 247,00 DM
Grundstückswert, abgerundet nach § 139 BewG	201 000,00 DM

Mindestwertprüfung

Als Grundstückswert ist mindestens der Wert anzusetzen, mit dem der Grund und Boden allein als unbebautes Grundstück nach § 145 Abs. 3 BewG zu bewerten wäre, § 146 Abs. 6 BewG.

Nach § 145 Abs. 3 BewG ist anzusetzen:
Bodenrichtwert/qm x 80 % x Grundstücksfläche in qm
380,00 DM/qm x 80 % x 750 qm =   228 000,00 DM
Eine Abrundung nach § 139 BewG ist nicht erforderlich.

Bei der Berechnung ist der Bodenrichtwert zum 01.01.1996 maßgebend, vergleiche § 138 Abs. 1 letzter Satz BewG.

Der Mindestwert ist höher als der Wert, der sich nach der Wertermittlung unter Berücksichtigung der Jahresmiete ergibt. Deshalb wäre grundsätzlich der höhere Mindestwert anzusetzen.

"Doppelte Öffnungsklausel":

Jedoch ist bei der Bewertung im Ertragswertverfahren der Nachweis eines niedrigeren gemeinen Wertes durch den Steuerpflichtigen zulässig (§ 146 Abs. 7 BewG). Der nachgewiesene gemeine Wert von 220 000,00 DM bezieht sich allerdings nicht auf das bebaute Grundstück, sondern auf das Grundstück in unbebautem Zustand. Auch dieser Wert ist im vorliegenden Fall als Nachweis anzuerkennen, weil § 146 Abs. 7 BewG auf die Wertermittlung nach § 146 Abs. 2 bis 6 BewG verweist. Der Nachweis bezieht sich deshalb also auch auf die Berechnung des Mindestwerts i.S. des § 146 Abs. 6 BewG. Zur Berechnung des Mindestwertes verweist § 146 Abs. 6 BewG auf § 145 Abs. 3 BewG. Bei diesem Verweis wird § 145 Abs. 3 BewG nicht auf die Sätze 1 und 2 beschränkt. Der Verweis bezieht sich daher auch auf § 145 Abs. 3 Satz 3 BewG, wonach im Falle der Bewertung von unbebauten Grundstücken der Nachweis eines niedrigeren gemeinen Wertes zulässig ist. Insofern ergibt sich für den Steuerpflichtigen eine "doppelte Öffnungsklausel". Ausdrücklich ergibt sich dies aus Rd.-Nr. 54 des Erlasses zur Bewertung der bebauten Grundstücke im Ertragswertverfahren (§ 146 BewG), BStBl 1997 I, S. 592.

Als Grundstückwert ist folglich anzusetzen   =   220 000,00 DM

5. Mietwohngrundstück

Das Mietwohngrundstück ist mit dem zum 01.11.1999 festgestellten Grundbesitzwert anzusetzen (§§ 12 Abs. 3, 11 ErbStG, § 138 Abs. 1 BewG).
Ansatz mit   870 000,00 DM

Die Hypothek ist als Nachlassverbindlichkeit in vollem Umfang abzugsfähig,
§ 10 Abs. 5 Nr. 1 ErbStG - Ansatz mit 777 000,00 DM

Berechnung der Erbschaftsteuer

Gewerbebetrieb	1 748 000,00 DM	
Freibetrag (§ 13 a Abs. 1 Nr. 1 ErbStG)	./. 500 000,00 DM	
	1 248 000,00 DM	
Land- und forstwirtschaftlicher Grundbesitzwert	700 000,00 DM	
begünstigtes Vermögen insgesamt	1 948 000,00 DM	
Ansatz mit 60 % (§ 13 a Abs. 2 ErbStG)		1 168 800,00 DM
Einfamilienhaus		220 000,00 DM
Mietwohngrundstück		870 000,00 DM
Rentenversicherungsanspruch		61 884,00 DM
Gesamter Vermögensanfall		2 320 684,00 DM
Nachlassverbindlichkeiten mit dem nachgewiesenen Wert		
Beerdigungskosten; § 10 Abs. 5 Nr. 3 Satz 1 ErbStG		- 23 000,00 DM
Hypothek		- 777 000,00 DM
anteilige Schulden für Traktor (60 % x 700 000,00/700 000,00) x 500 000,00		- 300 000,00 DM
Wert der Bereicherung 1999		1 220 684,00 DM
zuzüglich Schenkung aus 1994 (§ 14 ErbStG)		300 000,00 DM
insgesamt		1 520 684,00 DM
Freibetrag für Kind, Steuerklasse I, § 15 Abs. 1 Nr. 2, § 16 Abs. 1 Nr. 2 ErbStG		- 400 000,00 DM
steuerpflichtiger Erwerb der letzten 10 Jahre		1 120 684,00 DM
steuerpflichtiger Erwerb, abgerundet nach § 10 Abs. 1 Satz 5 ErbStG		1 120 600,00 DM
Steuersatz, Steuerklasse I (§ 19 Abs. 1 ErbStG)	19 %	

Härteausgleich (§ 19 Abs. 3 ErbStG)

steuerpflichtiger Erwerb	1 120 600,00 DM	x 19 % =	212 914,00 DM
Wertgrenze der letzten Tabellenstufe	1 000 000,00 DM	x 15 % =	150 000,00 DM
Differenz	120 600,00 DM		
davon ist höchstens zu zahlen	50 %	60 300,00 DM	

Steuerdifferenz	62 914,00 DM

Es kann nur eine Steuer erhoben werden von	150 000,00 DM
zuzüglich	60 300,00 DM
Erbschaftsteuer auf Gesamterwerb vor Anrechnung	210 300,00 DM

Anmerkungen und Ergänzungen zur Berechnung der Erbschaftsteuer

Der Freibetrag von 500 000,00 DM i.S. des § 13 a Abs. 1 Nr. 1 steht zu, weil die Tochter Erwerberin der Steuerklasse I ist und von Todes wegen erworben hat. Der Freibetrag gilt für inländisches Betriebsvermögen, also für den Gewerbebetrieb (§ 13 a Abs. 4 Nr. 1 ErbStG), und für inländisches land- und forstwirtschaftliches Vermögen (§ 13 a Abs. 4 Nr. 1 ErbStG), also für den Betrieb der Land- und Forstwirtschaft. Für das begünstigte Vermögen steht außerdem der Bewertungsabschlag von 40 % zu (§ 13 a Abs. 2 ErbStG). Der Freibetrag wird zunächst vom Betriebsvermögen und erst danach vom übrigen begünstigten Vermögen abgezogen, damit die Kürzung der Schulden nach § 10 Abs. 6 Satz 5 ErbStG möglichst gering ausfällt (vergleiche Beispiel 6 des Erlasses zu Zweifelsfragen bei der Anwendung des § 13 a und des § 19 a ErbStG, BStBl 1997 I, S. 673).

Die Tochter hält keinen Versorgungsfreibetrag, weil sie am 01.11.1999 bereits ihr 40. Lebensjahr vollendet hat und somit die Voraussetzung des § 17 Abs. 2 Satz 5 ErbStG nicht mehr erfüllt. Danach steht der Versorgungsfreibetrag nur bis zur Vollendung des 27. Lebensjahres zu.

Der Freibetrag für Hausrat und bewegliche Wirtschaftsgüter (§ 13 Abs. 1 Nr. 1 ErbStG) ist nicht abzuziehen, weil kein Hausrat erworben wurde.

Erbschaftsteuer auf Gesamterwerb vor Anrechnung	210 300,00 DM
Fiktive Steuer 1999 auf Vorerwerb 1994 (§ 14 Abs. 1 Satz 2 ErbStG)	
Schenkung 1994	300 000,00 DM
./. persönlicher Freibetrag (§§ 16, 14 Abs. 1 Satz 2 ErbStG)	./. 400 000,00 DM
steuerpflichtiger Vorerwerb	0,00 DM
x Steuersatz (neu) (§ 14 Abs. 1 Satz 2 ErbStG)	0 %
fiktive Steuer für den Vorerwerb	0,00 DM
Tatsächlich entrichtete Steuer auf Vorerwerb (§ 14 Abs. 1 Satz 3 ErbStG)	
Schenkung 1994	300 000,00 DM
./. persönlicher Freibetrag (alt) (§ 16 ErbStG)	./. 90 000,00 DM

steuerpflichtiger Vorerwerb	210 000,00 DM	
x Steuersatz (alt) (§ 14 Abs. 1 Satz 3 ErbStG)	6 %	
tatsächliche Steuer für den Vorerwerb in 1994	12 600,00 DM	
Anrechnung des höheren Betrages		./.12 600,00 DM
festzusetzende Steuer		197 700,00 DM

Es ist möglich, auf die Begünstigung für das land- und forstwirtschaftliche Vermögen zu verzichten (§ 13 a Abs. 6 ErbStG). Der Verzicht ist nur dann zu empfehlen, wenn sich durch den Verzicht auf die Steuerbefreiung eine niedrigere Belastung mit Erbschaftsteuern ergibt. Dies könnte der Fall sein, wenn die Schuld, die im Zusammenhang mit dem land- und forstwirtschaftlichen Vermögen steht, in größerem Umfang abgezogen werden könnte.

Ohne Verzicht auf die Steuerbefreiung ist das land- und forstwirtschaftliche Vermögen in der vorstehenden Erbschaftsteuerberechnung für die Tochter wie folgt enthalten:

Ansatz des land- und forstwirtschaftlichen Vermögens nur mit 60 % x 700 000,00 DM (der Freibetrag wird vollständig bei dem übrigen Betriebsvermögen abgezogen und wirkt sich bei der Berechnung des land- und forstwirtschaftlichen Vermögens nicht mehr aus)	420 000,00 DM
anteiliger Abzug der Schuld (vergleiche Nr. 5) mit	300 000,00 DM
Ansatz des land- und forstwirtschaftlichen Vermögens ohne Verzicht auf die Steuerbefreiung	120 000,00 DM

Sofern auf die Steuerbefreiung i.S. des § 13 a Abs. 6 ErbStG verzichtet wird, wäre das land- und forstwirtschaftliche Vermögen wie folgt zu erfassen:

Land- und forstwirtschaftliches Vermögen (ohne Bewertungsabschlag)	700 000,00 DM
Schulden (Abzug in vollem Umfang)	./. 500 000,00 DM
Ansatz des land- und forstwirtschaftlichen Vermögens bei Verzicht auf die Steuerbefreiung	200 000,00 DM

Bei einem Verzicht auf die Steuerbefreiung würde mithin ein höherer Betrag in die Steuerberechnung eingehen, so dass der Verzicht auf die Steuerbefreiung i.S. des § 13 a Abs. 6 ErbStG nicht zu empfehlen ist.

Betriebliche Steuerlehre

Teil 6: Bewertung

01.01.1996

Waldstr. 7

Durch den Verkauf des Streifens verkleinert sich die wirtschaftliche Einheit des Grundstückes Waldstr. 7, sie bleibt aber als eigenständige Einheit bestehen.

Da sie sich verkleinert hat, ist ihr Wert gesunken.

Die nunmehr noch verbleibenden 500 qm sind nach den Wertverhältnissen vom 01.01.1964 zu bewerten (§ 27 BewG).

Aus der bisherigen Bewertung zum Hauptfeststellungsstichtag ist zu ersehen, dass von einem qm-Preis von 20,00 DM ausgegangen wurde. Unter Berücksichtigung dieses Preises ergibt sich zum 01.01.1964 ein Wert von 12 000,00 DM. Die Abweichung zum bisherigen Wert beträgt 4 000,00 DM und damit mehr als 1/10 und mindestens 500,00 DM, so dass eine Wertfortschreibung nach § 22 Abs. 1 Nr. 1 BewG durchzuführen ist.

Weitere Änderungen sind nicht ersichtlich.

Waldstr. 9

Auch dieses Grundstück bleibt als wirtschaftliche Einheit bestehen. Der verkaufte Streifen ist integriert worden, was durch den neuen Zaun dokumentiert wird.

Die wirtschaftliche Einheit hat sich von 600 qm auf 800 qm vergrößert.

Nach den Wertverhältnissen vom 01.01.1964 ergibt sich nunmehr ein Wert von 16 000,00 DM. Dieser Wert weicht vom bisherigen um 4 000,00 DM ab.

Da die Abweichung nach oben weder mehr als 1/10, mindestens 5 000,00 DM, noch mehr als 100 000,00 DM beträgt, ist keine Wertfortschreibung durchzuführen.

Der bisherige Einheitswert bleibt unverändert bestehen.

01.01.1997

Waldstr. 7

Zunächst ist der neue Wert des Grundstücks zu ermitteln, der sich auf Grund der Bebauung ergibt. Nach § 27 BewG sind die Wertverhältnisse vom 01.01.1964 für die Berechnungen maßgebend, die nach § 76 Abs. 1 BewG im Ertragswertverfahren erfolgen.

Auszugehen ist von der Jahresrohmiete, wobei Umlagen in die Miete einzubeziehen sind, allerdings nicht die Heizungskosten (§ 19 Abs. 1 BewG). Soweit die Schönheitsreparaturen vom Mieter zu tragen sind, wird ein Zuschlag von 3 % bei gewerblich genutzten Räumen und von 5 % bei zu Wohnzwecken genutzten Räumen vorgenommen.

Im Einzelnen ergeben sich folgende Berechnungen:

Erdgeschoss:

Es ist nach § 79 Abs. 2 Nr. 1 BewG die ortsübliche Miete anzusetzen:

Miete	450,00 DM	
Umlagen	50,00 DM	
	500,00 DM	
x 12	6 000,00 DM	
3 % Schönheitsreparaturen	180,00 DM	
	6 180,00 DM	6 180,00 DM

1. Stock:

Miete	350,00 DM	
Umlagen	50,00 DM	
	400,00 DM	
x 12	4 800,00 DM	
5 % Schönheitsreparaturen	240,00 DM	
	5 040,00 DM	5 040,00 DM

2. Stock

Berechnung wie im 1. Stock	5 040,00 DM

3. Stock

Wegen der Selbstnutzung ist die ortsübliche Miete einzusetzen (§ 79 Abs. 2 Nr. 1 BewG), die aus dem 1. Stock abgeleitet werden kann	5 040,00 DM
Jahresrohmiete insgesamt:	21 300,00 DM

Auf dem gewerblich genutzten Teil des Grundstückes entfallen 6 180,00 DM, das ist ein Anteil von unter 50 %. Gemäß § 75 Abs. 4 BewG ist das Grundstück daher als gemischt-genutztes Grundstück zu bewerten, denn es entfallen auch auf keine Nutzungsart mehr als 80 %, so dass weder ein Geschäftsgrundstück noch ein Mietwohngrundstück vorliegt.

Da die auf die eigengewerblich genutzten Teile des Grundstückes entfallende Jahresrohmiete weniger als 50 % beträgt, handelt es sich nicht um ein Betriebsgrundstück.

Der Vervielfältiger im Sinne des § 80 BewG ergibt sich mit 9,0. Der Grundstückswert beträgt 21 300,00 DM x 9,0 = 191 700,00 DM (Anlage 4 zum Bewertungsgesetz).

Der nach § 80 Nr. 1 BewG abgerundete Einheitswert beträgt damit ebenfalls 191 700,00 DM.

Daher sind zum 01.01.1997 folgende Fortschreibungen durchzuführen:

- Artfortschreibung nach § 22 Abs. 2 BewG zum gemischt-genutzten Grundstück.

- Wertfortschreibung nach § 22 Abs. 1 Nr. 1 BewG, da die Wertabweichung nach oben mehr als 100 000,00 DM beträgt.

Waldstr. 9

Durch den Verkauf ist eine Zurechnungsfortschreibung erforderlich, da eine bestehende wirtschaftliche Einheit als Ganzes verkauft wird. Maßgebend für den Zeitpunkt der Fortschreibung ist die wirtschaftliche Übergabe des Grundstückes. Da diese 1996 erfolgte, ist die Zurechnungsfortschreibung zum 01.01.1997 durchzuführen.

Durch die Vermietung an den Betrieb der Ehefrau wird das Grundstück nach § 26 Nr. 1 i.V. mit § 99 Abs. 2 BewG zum Betriebsgrundstück, so dass auch eine Artfortschreibung der Vermögensart zu erfolgen hat.

01.01.1998

Waldstr. 7

Durch den Umbau und die neue Nutzung des Gebäudes ist zu prüfen, ob sich zum 01.01.1998 Fortschreibungen ergeben. Dabei ist wegen der Nutzung des 1. Stockes für Ladenzwecke nunmehr im 1. Stock die Miete anzusetzen, die auch im Erdgeschoss angesetzt wird.

Danach ergibt sich folgendes:

Erdgeschoss	6 180,00 DM
1. Stock	6 180,00 DM
2. Stock	5 040,00 DM
3. Stock	5 040,00 DM
Jahresrohmiete	22 040,00 DM

Aus den gewerblich genutzten Teil des Grundstückes entfallen 12 360,00 DM, das ist ein Anteil von über 50 %. Gemäß § 75 Abs. 4 BewG ist das Grundstück daher als gemischt-genutzte Grundstück zu bewerten. Da die auf die eigengewerblich genutzten Teile des Grundstückes entfallende Jahresrohmiete jetzt mehr als 50 % beträgt, handelt es sich nunmehr um ein Betriebsgrundstück im Sinne des § 99 Abs. 2 BewG.

Der Vervielfältiger im Sinne des § 80 BewG ergibt sich mit 8,8. Der Grundstückswert beträgt 22 440,00 DM x 8,8 = 197 472,00 DM (Anlage 5 zum Bewertungsgesetz).

Der nach § 30 Nr. 1 BewG abgerundete Einheitswert beträgt damit 197 400,00 DM.

Die Wertabweichung zum bisherigen Wert beträgt weder mehr als 1/10 noch mehr als 100 000,00 DM. Eine Wertfortschreibung unterbleibt daher.

Es ist jedoch eine Artfortschreibung der Vermögensart zum Betriebsgrundstück durchzuführen.

Waldstr. 9

Da die Eheleute Caesar am 01.01.1998 dauernd getrennt leben, ist eine Anwendung des § 26 Nr. 1 BewG zu diesem Stichtag ausgeschlossen. Daher kann das Grundstück auch nicht mehr als Betriebsgrundstück behandelt werden. Es ist eine Artfortschreibung der Vermögensart zum Grundvermögen durchzuführen.

01.01.1999

Waldstr. 7

Durch den Verkauf der 12 qm ändert sich der Wert der wirtschaftlichen Einheit nicht, da offensichtlich keine Auswirkung auf die Jahresrohmieten gegeben ist. Bei im Ertragswertverfahren bewerteten Grundstücken spielt die Grundstücksgröße ansonsten keine Rolle.

Für das neu entstandene Grundstück ist eine Nachfeststellung nach § 23 Abs. 1 Nr. 1 BewG zum 01.01.1999 durchzuführen.

Grundstückswert	unbebautes Grundstück
Wert	200,00 DM
Zurechnung	Stadtwerke AG
Vermögensart	Betriebsgrundstück

Der Wert ergibt sich mit 12 qm x 20,00 DM = 240,00 DM, abgerundet nach § 30 Nr. 1 BewG auf 200,00 DM.

Waldstr. 9

Da Claus Caesar das Grundstück nunmehr für seine eigenen Gewerbezwecke nutzt, liegt erneut ein Betriebsgrundstück im Sinne des § 99 Abs. 2 BewG vor. Es ist deshalb eine Artfortschreibung der Vermögensart zum Betriebsgrundstück erforderlich.

Betriebliche Steuerlehre

Teil 7: Körperschaftsteuer

Fall 1

Jahresüberschuss	66 480,00 DM
+ Körperschaftsteuer-Vorauszahlung	41 000,00 DM
+ Körperschaftsteuer-Rückstellung	8 120,00 DM
./. Körperschaftsteuer-Rückerstattung für 1998	9 000,00 DM
+ Spenden	4 600,00 DM
Summe der Einkünfte	102 000,00 DM
Abzugsfähige Spenden: 5 % von 102 000,00 = 5 100,00 max.	4 600,00 DM
= Gesamtbetrag der Einkünfte / Einkommen	97 400,00 DM
Zu versteuerndes Einkommen	**97 400,00 DM**

Fall 2

Zu versteuerndes Einkommen	247 000,00 DM
./. Tarifbelastung 40 %	98 800,00 DM
Zugang verfügbares Eigenkapital (EK 40)	148 200,00 DM
./. Minderung der Körperschaftsteuer von 40 % auf 30 % durch Ausschüttung 10/60 von 150 000,00	24 700,00 DM
Ausschüttung	172 900,00 DM
Ermittlung festzusetzende KSt: Tarifliche KSt	98 800,00 DM
./. KSt-Minderung	24 700,00 DM
Festzusetzende KSt	**74 100,00 DM**

Fall 3

1. Anwendung des Berechnungsschemas:

Jahresüberschuss	72 000,00 DM
+ Nicht abzugsfähige Betriebsausgaben (§ 4 Abs. 5 Nr. 2 EStG) (20 % der Bewirtungskosten)	3 200,00 DM
+ Körperschaftsteuer (§ 10 KStG)	78 000,00 DM
+ Spenden (§ 4 Abs. 4 EStG)	16 000,00 DM
= Summe der Einkünfte	169 200,00 DM

	gezahlt	abziehbar	
./. Abzugsfähige Spenden			
Spende für wiss. Zwecke abzugsfähig bis 5 % von 169 200,00	9 000,00 8 460,00	8 460,00	
Restbetrag	540,00		
Spende kirchl. Zwecke	9 000,00		
zusammen	9 540,00		
Abzugsfähig bis 5 % von 169 200,00	8 460,00 (maximal)	8 460,00	
Abzugsfähige Spenden (§ 9 Abs. 1 Nr. 2 KStG)			16 920,00 DM
= Gesamtbetrag der Einkünfte / **Zu versteuerndes Einkommen**			**152 280,00 DM**

2. | Zu versteuerndes Einkommen | 152 280,00 DM

- Körperschaftsteuer 40 % | 60 912,00 DM

= verwendbares Eigenkapital | 91 368,00 DM

+ KSt-Minderung
(von 40 % auf 30 % durch
Ausschüttung) 10/60 von 91 368,00 | 15 228,00 DM

= Bardividende (Ausschüttung) | 106 596,00 DM

Ermittlung der festzusetzenden KSt:

Tarifliche KSt | 60 912,00 DM

./. KSt-Minderung | 15 228,00 DM

= Festzusetzende KSt | **45 684,00 DM**

Rechnungswesen

Fall 1 - Fall 5

Fall 1

Sachverhalt 1

Grund und Boden	70 000,00 DM	25 %
Gebäude	210 000,00 DM	75 %
	280 000,00 DM	100 %

	DM	Gebäude DM	Grund und Boden DM	Vor- steuer DM
Grunderwerbsteuer	9 800,00	7 350,00	2 450,00	
Notarkosten Kauf- vertrag einschl. USt	3 712,00	2 400,00	800,00	512,00
Umbaukosten einschl. USt	98 600,00	85 000,00	0,00	13 600,00
		94 750,00	3 250,00	14 112,00

Buchungssatz:

Geschäftsbauten 94 750,00 DM
Grundstückswerte
bebauter Grundstücke 3 250,00 DM
Vorsteuer 14 112,00 DM
an Grundstücksaufwendungen 112 112,00 DM

Erschließungsbeiträge = AK des Grund und Bodens gemäß A 33 a (4) Nr. 1 EStR

Buchungssatz:

Grundstückswerte
bebauter Grundstücke 6 410,00 DM
an Sonstige Verbindlichkeiten 6 410,00 DM

Abschreibung des Gebäudes

Bemessungsgrundlage 210 000,00 DM
 + 94 750,00 DM
  304 750,00 DM

§ 7 (4) EStG: **linear**

4 % von 304 750,00 DM =   12 190,00 DM
davon 3/12   =   3 048,00 DM
(AfA erst ab Zeitunkt der Nutzung)

Buchungssatz:
Abschreibungen auf Sachanlagen   3 048,00 DM
an Geschäftsbauten   3 048,00 DM

Sachverhalt 2

Berechnung:

./. Abschreibung Damnum: 4 000,00 DM : 3 Jahre =   1 333,33 DM
                davon 4/12   444,44 DM

./. Zinsen $\dfrac{100\,000,00 \times 8,2 \times 120}{100 \times 360}$ = 2 733,33 DM

Buchungssatz:

Damnum   4 000,00 DM
an Langfristige Verbindlichkeiten   4 000,00 DM

Zinsaufwendungen   444,44 DM
an Damnum   444,44 DM

Zinsaufwendungen   2 733,33 DM
an Sonstige Verbindlichkeiten   2 733,33 DM

Sachverhalt 3

Sonderposten mit Rücklageanteil   12 500,00 DM
an Erträge aus der Auflösung von
      Sonderposten mit Rücklageanteil   12 500,00 DM

Sachverhalt 4

Berechnung:

AK	9 200,00 DM	
AfA 1999	./. 1 840,00 DM	20 % von 9 200,00 DM
RBW 31.12.1999	7 360,00 DM	
AfA 2000	./. 920,00 DM	20 % von 9 200,00 DM, davon 6/12
RBW 30.06.2000	6 440,00 DM	

Buchungssatz:

Geschäftsausstattung	6 440,00 DM	
an Privateinlagen		6 440,00 DM
Abschreibungen auf Sachanlagen	966,00 DM	
an Geschäftsausstattung		966,00 DM

Einlagewert   6 440,00 DM

Restnutzungsdauer: 5 Jahre ./. 1,5 Jahre = 3,5 Jahre

AfA § 7 (2) EStG degressiv vom RBW (möglich!)

30 % von 6 440,00 = 1 932,00 DM
davon 1/2 rund   =   966,00 DM

Sachverhalt 5

a) Kunde Schuster

Zweifelhafte Forderungen	3 016,00 DM	
an Forderung L + L		3 016,00 DM
Abschreibung auf UV	1 560,00 DM	
an EWB auf Forderung		1 560,00 DM

b) Kunde Hans

Forderungsverluste	4 200,00 DM	
Umsatzsteuer	672,00 DM	
an Forderung L + L		4 872,00 DM

c) Kunde Möhrle
Keine Buchung, da noch nicht realisierte Gewinne nicht ausgewiesen werden dürfen. (Realisationsprinzip § 252 (1) Nr. 4 HBG)

d) Kunde Zoffer

Zweifelhafte Forderungen	2 300,00 DM	
an Forderungen L + L		2 300,00 DM
Abschreibung auf UV	1 840,00 DM	
an EWB auf Forderung		1 840,00 DM

Berechnung: PWB

Gesamtbestand der Forderungen Inland/Ausland	126 800,00 DM
./. Auslandsforderung	2 300,00 DM
./. Summe der einzelwertberichtigten Forderungen Inland	3 016,00 DM
./. Summe der uneinbringlichen Forderungen	4 872,00 DM
=	116 612,00 DM
./. Umsatzsteuer	16 084,00 DM
= Bemessungsgrundlage der PWB	100 528,00 DM

PWB zum 31.12.2000

2 % von 100 528,00 DM =	2 010,00 DM
also ergibt sich:	
PWB-Stand zum 31.12.2000	2 010,00 DM
PWB-Stand zum 31.12.1999	14 220,00 DM
= Auflösung der PWB	12 210,00 DM

Buchungssatz:

PWB auf Forderungen	12 210,00 DM	
an Erträge aus der Herabsetzung der PWB zu Forderungen		12 210,00 DM

Sachverhalt 6

Buchungssatz:

Abschreibung auf Wertpapiere des UV	6 500,00 DM	
an Wertpapiere des UV		6 500,00 DM

Begründung:
Noch nicht realisierte Gewinne dürfen nicht ausgewiesen werden - strenges Niederstwertprinzip.

Sachverhalt 7

Es sind zwei Alternativen möglich.

1. Alternative
Steuerrückstellungen	3 600,00 DM	
GewSt	2 500,00 DM	
an Bank		4 600,00 DM
Erträge aus der Auflösung		
von Rückstellungen		1 500,00 DM

2. Alternative
Steuerrückstellungen	6 100,00 DM	
an Erträge aus der Auflösg. von Rückstellg.		1 500,00 DM
Bank		4 600,00 DM
GewSt	2 500,00 DM	
an Steuerrückstellungen		2 500,00 DM

Sachverhalt 8

Rechts- und Beratungskosten	4 800,00 DM	
an Sonstige Rückstellungen		4 800,00 DM

Sachverhalt 9

a) ARAP	3 500,00 DM	
an Versicherungen		3 500,00 DM
b) Miete	8 400,00 DM	
an Sonstige Verbindlichkeiten		8 400,00 DM

Sachverhalt 10

a) Buchung der Vorschusses:		
Forderung an Arbeitnehmer	800,00 DM	
an Kasse		800,00 DM

b) Buchung der Gehaltsabrechnung Dezember 2000:

Gehälter	9 996,00 DM	
Vermögenswirksame Leistungen	234,00 DM	
an Verb. aus LSt/KiSt/Soli		1 429,00 DM
Verb. SV		2 268,00 DM
Verb. aus Vermögensb.		234,00 DM
Forderung an Arbeitnehmer		800,00 DM
Sonstige Verbindlichkeiten		5 499,00 DM
Gesetzliche soziale Aufwendungen	2 268,00 DM	
an Verb. SV		2 268,00 DM

Sachverhalt 11

Berechnung:

Anschaffungspreis	650,00 DM
./. Anschaffungspreisminderung	19,50 DM
=	630,50 DM
+ ANK (Transport)	40,00 DM
+ ANK (Installation)	130,00 DM
= Anschaffungskosten	800,50 DM

Es liegt kein GWG gemäß § 6 (2) EStG vor.

Buchungssatz:

Geschäftsausstattung	800,50 DM	
Vorsteuer	128,08 DM	
an Kasse		928,58 DM

Abschreibung:

§ 7 (2) EStG: degressiv

30 % von 800,50 =   236,17
davon 1/2   =   130,09   (Vereinfachungsregel)
(Nutzung ab 10.08.2000)

Buchungssatz:

Abschreibungen auf Sachanlagen	130,09 DM	
an Geschäftsausstattung		130,09 DM

Sachverhalt 12

Protestwechsel	4 000,00 DM	
Sonstige Aufwendungen	113,34 DM	
Zinsaufwendungen	8,00 DM	
an Verbindlichkeit L + L		4 121,34 DM

Sachverhalt 13

Berechnung: AfA PKW Mercedes 190 D

AK 02/1998	37 500,00 DM	
./. AfA § 7 (2) EStG degressiv	11 250,00 DM	30% v. 37 500,00 DM 1.Hj.Vereinfachungsregel
= RBW 31.12.1998	26 250,00 DM	
./. AfA § 7 (2) EStG degressiv	7 875,00 DM	30 % v.26 250,00 DM
= RBW 31.12.1999	18 375,00 DM	
./. AfA 2000	5 054,00 DM	
= RBW 12.12.2000	13 321,00 DM	

AfA 2000: AfA § 7 (2) EStG

Degressiv 30 % von 18 375,00 = 5 512,50 DM

        für 11 Monate   = 5 054,00 DM

Berechnung: AfA PKW BMW 525 i

AK 12/2000	72 736,00 DM
./. PKW-Kosten (Tankfüllung)	112,00 DM
=	72 624,00 DM

AfA § 7 (1) EStG linear:

20 % von 72 624,00 =   14 524,80 DM

Vereinf.-Regel: für 1/2 Jahr =   7 263,00 DM

Buchungssatz:

PKW *)	72 736,00 DM	
Vorsteuer	11 637,76 DM	
an Verb. L + L		84 373,76 DM

Anmerkung: Telefon nach neuer BFH-Rechtsprechung extra als BGA zu erfassen.

Fahrzeugkosten	112,00 DM	
an PKW		112,00 DM
Abschreibungen auf Sachanlagen	5 054,00 DM	
an PKW (alt)		5 054,00 DM
Anlagenabgänge	13 321,00 DM	
an PKW		13 321,00 DM
Privatentnahmen	8 000,00 DM	
an Erlöse aus Anlageverkäufen		8 000,00 DM
Verb. L + L	2 320,00 DM	
an Erlöse aus Anlageverkäufen		2 000,00 DM
USt		320,00 DM
Verb. L + L	82 053,76 DM	
an Bank		65 053,76 DM
Privateinlagen		17 000,00 DM
Abschreibungen auf Sachanlagen	7 263,00 DM	
an PKW (neu)		7 263,00 DM

Sachverhalt 14

Abschreibungen auf Sachanlagen	48 500,00 DM	
an Geschäftsbauten		16 500,00 DM
LKW		20 000,00 DM
Geschäftsausstattung		12 000,00 DM

Fall 2

Aufgabe 1

a) Beim Holzhändler

1999	02.11.1999		
	Miete	3 600,00 DM	
	Vorsteuer	576,00 DM	
	an Verb. L + L		4 176,00 DM
	31.12.1999		
	Sonstige Forderungen	2 400,00 DM	
	VSt im Folgejahr abziehbar	384,00 DM	
	an Miete		2 400,00 DM
	Vorsteuer		384,00 DM
2000	02.01.2000		
	Miete	2 400,00 DM	
	Vorsteuer	384,00 DM	
	an Sonstige Forderungen		400,00 DM
	VSt im Folgejahr abziehbar		384,00 DM
	14.01.2000		
	Verb. L + L	4 176,00 DM	
	an Bank		4 176,00 DM

b) Beim PC-Händler

1999	02.11.1999		
	Ford. L + L	4 176,00 DM	
	an Erlöse		1 200,00 DM
	Sonstige Verbindlichkeiten		2 400,00 DM
	USt		192,00 DM
	USt nicht fällig		384,00 DM
2000	14.01.2000		
	Sonstige Verbindlichkeiten	2 400,00 DM	
	USt nicht fällig	384,00 DM	
	an Erlöse		2 400,00 DM
	USt		384,00 DM
	Bank	4 176,00 DM	
	an Ford. L + L		4 176,00 DM

Aufgabe 2

a) Bewertung zum Zeitpunkt der Entstehung:

210 000,00 FF x 0,30 DM   =   63 000,00 DM

Bewertung zum 31.12.2000:
210 000,00 FF x 0,34 DM   =   71 400,00 DM

Buchungssatz:

Aufwand aus Kursdifferenzen   8 400,00 DM
an Verb. L + L   8 400,00 DM

Ansatz der Verbindlichkeiten mit dem höheren Rückzahlungsbetrag = TW nach dem Höchstwertprinzip.

b) Bewertung zum Zeitpunkt der Entstehung
30 000,.00 Dollar x 1,70 DM =   51 000,00 DM

Bewertung zum 31.12.2000
30 000,00 Dollar x 1,60 DM =   48 000,00 DM

Buchungssatz:

Abschreibung auf UV   3 000,00 DM
an Ford. L + L   3 000,00 DM

Ansatz der Forderungen nach dem strengen Niederstwertprinzip.

Fall 3

Aufgabe 1

Bewirtungskosten:
entstanden	600,00 DM		
angemessen	400,00 DM		
ansetzbar BA	400,00 DM	x 0,8 =	320,00 DM
nicht abzg.BA	400,00 DM	x 0,2 =	80,00 DM + USt

Buchungssätze:

Bewirtungskosten	520,00 DM	
VSt	83,20 DM	
Nicht abzgf. BA	92,80 DM	
an Kasse		696,00 DM
Privat	232,00 DM	
an Sonstige Erlöse		200,00 DM
USt		32,00 DM

Aufgabe 2

AK	39 655,17 DM		
USt	6 344,83 DM	46 000,00 DM	
1 % von	46 000,00 DM =	460,00 DM	
2000 km x 0,52		1 040,00 DM	1 500,00 DM

darin enthalten:

Sachbezug	1 293,10 DM
USt	206,90 DM

Bruttomethode:

Bruttoarbeitslohn	4 800,00 DM
+ Sachbezug	1 500,00 DM
BMG	6 300,00 DM
./. LSt/KiSt/Soli	1 386,00 DM 22 % vom BMG
./. Soz.Vers.	1 260,00 DM 20 % vom BMG
./. Sachbezug	1 500,00 DM
Auszahlung	2 154,00 DM

Buchungssätze:

Löhne	6 300,00 DM	
an Verb. LSt/KiSt/Soli		1 386,00 DM
Verb. Soz.Vers.		1 260,00 DM
Verr.Sachbezug		1 293,10 DM
USt		206,90 DM
Bank		2 154,00 DM
Ges. soz.Aufw.	1 260,00 DM	
an Verb.Soz.Vers.		1 260,00 DM

Aufgabe 3

Lohn	3 800,00 DM	
Sachbezug	500,00 DM	(800,00 ./. 300,00)
BMG	4 300,00 DM	
./. LSt/KiSt/Soli	860,00 DM	20 % vom BMG
./. Soz.Vers.	774,00 DM	18 % vom BMG
./. Miete	800,00 DM	
Auszahlung	1 866,00 DM	

Buchungssätze:

Löhne	4 300,00 DM	
an Verb.LSt/KiSt		860,00 DM
Verb.Soz.Vers.		774,00 DM
Grundstück.Ertr.		800,00 DM
Bank		1 866,00 DM
Ges.soz.Vers.	774,00 DM	
an Verb.Soz.Vers.		774,00 DM

Aufgabe 4

Buchungssätze:

01.10.1999: Kfz-Vers. an Bank	984,00 DM	984,00 DM
31.12.1999: ARA an Kfz-Vers.	738,00 DM	738,00 DM
in 2000: Kfz-Vers. an ARA	738,00 DM	738,00 DM

Alternativ:

01.10.1999: Kfz-Vers. ARA an Bank	246,00 DM 738,00 DM	984,00 DM
in 2000 : Kfz-Vers. an ARA	738,00 DM	738,00 DM

Aufgabe 5

Buchungssätze:

1. Umbuchung 30.07.1999:

BGA an Sost.betr.Aufw.	9,50 DM	19,50 DM

2. Verb. L+L   487,78 DM
     an   VSt   67,28 DM
          BGA   420,50 DM

Nebenrechnung:

```
        200,00
      +  19,50
      ./. 420,50
AK      799,00    ein GWG, deshalb:
```

GWG   799,00
an BGA   799,00

AfA GWG 799,00
an GWG   799,00

Aufgabe 6

- Bier: 10 Kästen zu je 12,00 DM = 120,00 DM
- Pfand: 10 Kästen zu je 5,00 DM = 50,00 DM

Buchungen:

a) Brauerei (Lieferung)
    Ford. L+L   197,20 DM
    an   Erlös   120,00 DM
          Erlös Leergut   50,00 DM
          USt   27,20 DM

    Brauerei (Leergut-Rückgabe)
    Leergut-Erlöse   50,00 DM
    USt   8,00 DM
    an   Ford. L+L   58,00 DM

b) Göser (Kauf)
    Wareneinkauf   120,00 DM
    Leergut   50,00 DM
    VSt   27,20 DM
    an   Verb. L+L   197,20 DM

    Göser (Leergutrückgabe)
    Verb. L+L   58,00 DM
    an   Leergut   50,00 DM
          VSt   8,00 DM

Aufgabe 7

a) Bruttolohn   4 000,00 DM
    VWL   78,00 DM
    MG   4 078,00 DM

    ./. LSt/KiSt   1 026,30 DM   25 % vom BMG
       Soz.Vers.   821.04 DM   20 % vom BMG
       VWL   78,00 DM
       Auszahlung   2 152,66 DM

b) Löhne   4 000,00 DM
    VWL   78,00 DM
    an   LSt/KiSt   (25 %)   1 026,30 DM
         Soz.Vers.   (20 %)   821,04 DM
         Verb. VwL   78,00 DM
         Bank   2 152,66 DM

    Ges.soz.Vers.   821,04 DM
    an   Soz.Vers.Verb.   821,04 DM

Fall 4

Aufgabe 1

Kaufpreis Maschine	20 000,00 DM	
USt (16 %)	9 200,00 DM	
	139 200,00 DM	

Anzahlung	01.07.1999	01.08.1999
./. Entgelt	25 862,07 DM	6 896,55 DM
./. USt	4 137,93 DM	1 103,45 DM
	30 000,00 DM	8 000,00 DM

a) Buchungssätze Hersteller

01.07.1999:
Bank   30 000,00 DM
an   erhalt. Anz.   25 862,07 DM
     USt   4 137,93 DM

01.08.1999
Bank   8 000,00 DM
an   erhalt.Anz.   6 896,55 DM
     USt   1 103,45 DM

01.09.1999:
Ford. L+L   101 200,00 DM
erhaltene Anz.   32 758,62 DM
USt   241,38 DM
an   Erlöse   120 000,00 DM
     USt   19 200,00 DM

b) Buchungssätze Blech KG

01.07.1999:
Geleistete Anz.	25 862,07 DM	
VSt	4 137,93 DM	
an Bank		30 000,00 DM

01.08.1999:
Geleistete Anz.	6 896,55 DM	
VSt	1 103,45 DM	
an Bank		8 000,00 DM

01.09.1999:
Eingang Schlussrechnung
Masch.Anl.	120 000,00 DM	
VSt	3 958,62 DM	
an Gel. Anzahl		2 758,62 DM
Verb. L+L		101 200,00 DM

Aufgabe 2

a) Verkauf von Aktien:

17 Stück x 620,00 = Kurswert	10 540,00 DM
./. 0,8 % Courtage vom Kurswert	84,32 DM
./. 1,0 % Provision vom Kurswert	105,40 DM
Gutschriftsbetrag	10 350,28 DM

b) Buchungssätze

Bank	10 350,28 DM	
Sonst.Aufw.	189,72 DM	
an WP d. UV		10 540,00 DM
Aufw.Kursdiff.WP/UV	2 260,00 DM	
an WP d. UV		2 260,00 DM

Aufgabe 3

Dezember 1998:
Rep.   20 000,00 DM
USt   <u>3 200,00 DM</u>
           23 200,00 DM

Buchung Dezember 1998:
Ford. L+L   23 200,00 DM
an   Erlöse   20 000,00 DM
     USt   3 200,00 DM

August 1999:
Zw.Ford.   23 200,00 DM
an   Ford.L+L   23 200,00 DM

AfA UV   6 000,00 DM
an   Zw.Ford.   6 000,00 DM

11.11.1999:
Bank   13 920,00 DM
USt   1 280,00 DM
AfA UV   2 000,00 DM
an Zw.Ford.   17 200,00 DM

Aufgabe 4

Buchungssätze: lfd. Gew.St.Aufw.

Gew.St.Aufw.(4x1600,00)   6 000,00 DM
an Bank   6 000,00 DM

31.12.1999:
Gew.St.Aufw.   2 500,00 DM
an   Rückstellung   2 500,00 DM

08.02.2000:
Rückst.Gew.   2 500,00 DM
an   Ertr.a.d.Aufl. durch Rückst.   700,00 DM
     Bank   1 800,00 DM

Aufgabe 5

1. Jahr AK 1995	180 000,00 DM
./. degr.AfA 180 000,00 x 0,3	54 000,00 DM
./. Sonder-AfA § 7 g	3 600,00 DM
RBW 1995	122 400,00 DM
2. Jahr	
./. degr. (vom RBW)	36 720,00 DM
./. Sonder-AfA	0,00 DM
RBW 1996	85 680,00 DM
3. Jahr	
./. degr.	25 704,00 DM
./. Sonder-AfA	9 000,00 DM
RBW 1997	50 976,00 DM
4. Jahr	
./. degr.	16 292,80 DM
./. Sonder-AfA	5 400,00 DM
RBW 1998	30 283,20 DM
5. Jahr	
./. degr.	9 084,96 DM
./. Sonder-AfA	18 000,00 DM
RBW 1999	3 198,24 DM

Aufgabe 6

Lfd.Buchst.	Gewinn +	Gewinn ./.	Gewinn +/- 0
a)	X		
b)		X	
c)			X
d)			X
e)			X
f)			X
g)		X	
h)	X		

Aufgabe 7

	Fall 1	Fall 2	Fall 3
BV 31.12.1999	./. 20 000,00	./. 10 000,00	+ 50 000,00
./. BV 31.12.1998	./. 30 000,00	+ 70 000,00	./. 80 000,00
Unterschiedsbetrag	+ 10 000,00	./. 80 000,00	+ 130 000,00
+ Privatentnahmen	+ 50 000,00	+ 80 000,00	+ 30 000,00
./. Privateinlagen	./. 40 000,00	0,00	./. 10 000,00
Gewinn/Verlust	+ 20 000,00	0,00	+ 150 000,00

Aufgabe 8

USt-Konto:			
Sollumsatz	10 581,10 DM	Habenumsatz	1 111,11 DM
(1) VSt	409,35 DM		
(2) USt-VA	120,66 DM		

VSt-Konto:			
Sollumsatz	420,16 DM	Habenumsatz	10,80 DM
		(1) VSt	409,35 DM

USt-VA:			
Sollumsatz	0,00 DM	Habenumsatz	0,00 DM
		(2) USt	120,66 DM

Im November 1999:

(1) USt   409,35 DM
    an VSt   409,35 DM

(2) USt   120,66 DM
    an USt-VA   120,66 DM

Im Dezember 1999:

USt-VA   120,66 DM
    an Bank   120,66 DM

Fall 5

Lfd. Buch-stabe	Hinweise	BA +	./.	BE ./.	+
		78 696,00			109 355,00
a)	BA ber. erfasst (Entgelt ist 640,00)		640,00		
b)	Zuflussprinzip				750,00
c)	Erfasst als GWG in 1999		760,00		
d)	Keine Abgrenzung	2 100,00			
e)	Entgelt USt i.Höhe d.Anz.	4 000,00	41 000,00		
f)	Zinsaufwand 40 000x8% x 3/12 Keine Abgrenzung, weil 4(3)-Rg.	800,00 4 000,00			
g)	Monatl.Erfassung Eigenverbrauch nstb. EV -stb + stpfl. USt		1 200,00		330,00 2 280,00 364,80
h)	Als BA ber.erfasst	3 500,00			
i)	Nicht erfolgswirksam			30 000,00	
j)	Wurde richtig erfasst				
Zwischensumme		93 096,00	43 600,00	30 750,00	112 329,80
			./. 43 600,00		./. 30 750,00
			45 496,00		81 579,80
	>				./. 49 496,00
Endgültiger Gewinn					32 083,80

topaktuell @ vollständig @ verständlich

Bornhofen, Manfred
**Steuerlehre 1
Veranlagung 2000**
Allgemeines Steuerrecht,
Abgabenordnung, Umsatzsteuer
21., überarb. Aufl. 2000.
ca. XVIII, 486 S., Br. ca. DM 39,80
ISBN 3-409-97628-0

Lösungen
21., überarb. Aufl. 2000.
ca. 109 S., Br. ca. DM 30,00
ISBN 3-409-97629-9

Bornhofen, Manfred
**Steuerlehre 2
Veranlagung 1999**
Einkommensteuer, Eigenheimzulage, Investitionszulage, Körperschaftsteuer, Gewerbesteuer und Bewertungsgesetz
20., überarb. Aufl. 2000.
XX, 648 S., Br. DM 44,00
ISBN 3-409-97626-4

Lösungen
20., überarb. Aufl. 2000.
199 S., Br. DM 30,00
ISBN 3-409-97627-2

Bornhofen, Manfred
**Buchführung 1 DATEV-
Kontenrahmen 2000**
Grundlagen der Buchführung für
Industrie- und Handelsbetriebe.
Mit EDV-Kontierung
12., überarb. Aufl. 2000.
ca. XVI, 514 S., Br. ca. DM 39,80
ISBN 3-409-79793-9

Lösungen
12., überarb. Aufl. 2000.
ca. 146 S., Br. ca. DM 30,00
ISBN 3-409-79794-7

Bornhofen, Manfred
**Buchführung 2 DATEV-
Kontenrahmen 1999**
Abschlüsse nach Handels-
und Steuerrecht - Betriebswirtschaftliche Auswertung -
Mit EDV-Kontierung
11., überarb. Aufl. 2000.
XIV, 413 S., Br. DM 42,00
ISBN 3-409-79782-3

Lösungen
11., überarb. Aufl. 2000.
97 S., Br. DM 30,00
ISBN 3-409-79790-4

Aktualisierungsservice für Steuerlehre 1 und Buchführung 1: www.gabler.de/bornhofen

Änderungen vorbehalten. Stand: April 2000.

Gabler Verlag · Abraham-Lincoln-Str. 46 · 65189 Wiesbaden · www.gabler.de

Was Sie voran bringt.

Peter Wachner
Mündliche Prüfung bestanden!
Tipps, Vorbereitungs- und Verhaltensstrategien, die den Erfolg sichern
1999. VIII, 150 S. Br. DM 29,80
ISBN 3-409-11439-4

Jürgen R. Tiedtke (Hrsg.)
Allgemeine BWL für Schule, Ausbildung und Beruf
Handlungsorientierte Darstellung
1997. XXVIII, 608 S.
Br. DM 49,80
ISBN 3-409-19740-0

Ute Mielow-Weidmann, Paul Weidmann
Formulieren und korrespondieren im Beruf
Mehr Erfolg durch Sprach- und Schreibkompetenz
1998. XVI, 312 S. Br. DM 39,80
ISBN 3-409-19752-4

Heinrich Holland, Kurt Scharnbacher
Grundlagen der Statistik
Datenerfassung und -darstellung, Maßzahlen, Indexzahlen, Zeitreihenanalyse
4., überarb. Aufl. 2000. X, 129 S.
Br. DM 39,80
ISBN 3-409-42700-7

Lutz Irgel (Hrsg.)
Gablers Praxishandbuch für Kaufleute
Das umfassende Nachschlagewerk für Ausbildung und Beruf
4., akt. u. erw. Aufl. 1998.
796 S. Geb. DM 98,00
ISBN 3-409-99115-8

Gabler Kompakt-Lexikon Wirtschaft
2.500 Begriffe nachschlagen, verstehen, anwenden
7., vollst. überarb. u. erw. Aufl. 1998. VIII, 343 S. Br. DM 39,00
ISBN 3-409-99167-0

Änderungen vorbehalten. Stand: April 2000.

Gabler Verlag · Abraham-Lincoln-Str. 46 · 65189 Wiesbaden · www.gabler.de

GABLER

If you have any concerns about our products,
you can contact us on
ProductSafety@springernature.com

In case Publisher is established outside the EU,
the EU authorized representative is:
**Springer Nature Customer Service Center GmbH
Europaplatz 3, 69115 Heidelberg, Germany**

Printed by Libri Plureos GmbH
in Hamburg, Germany